笑いの攻撃性と社会的笑いの発達

Development of Aggressive and Social laughter

伊藤 理絵

ITO Rie

溪水社

目　　次

第Ⅰ部　笑いとは何か

第Ⅱ部　幼児期における笑いの攻撃性

第Ⅲ部　笑いの不愉快さを語る

笑いの攻撃性と社会的笑いの発達

序　論

1．笑いの親和性と攻撃性

笑い[1]は本来、愉楽的な感情の表れであり、笑いの表情は喜びや幸福を表している（Darwin, 1872/1931; Ekman & Friesen, 1975/1987）。人間は生得的に“ほほえみ”の表情を有している（高橋, 1973）。生まれながらに備わった笑いの表情は、生後すぐは、睡眠中の神経の痙攣でしかない新生児微笑である。しかし、周囲の大人は「微笑」として受け止め、何を思い出して喜んでいるのだろうなどと、赤ちゃんの心を実体以上に思い込み、その心の状態を推察してかかわる（遠藤, 2011）。乳児の微笑が、育児に疲れた親の気持ちをなだめ、子どもへの愛情を高める働きをするように、乳児の微笑という子ども側の行動と養育という親側の行動は、子の生存という最終効果を高める方向への一つの相補的システムとして機能しているのである（高橋, 1992）。その後、ノンバーバルコミュニケーションの手段として用いられる笑顔は、①「戦わない」「敵意を持っていない」ということを示すサイン、②「癒し」の効果、③「感謝」の意味を伝える、④「承諾」や「許可」などの意味、⑤相手の怒りを抑制する効果などの機能（井上, 2004）として働くようになる。日常生活において、笑い（微笑）は、生まれてから死ぬまで、人と人をつなぐ重要な役割を担っているのである。

その一方で、笑いは、好意的なものは何ら持っていなく、悪に報いるた

---

[1] 後述するように、本論における「笑い」は、笑い声を伴う笑いと笑い声を伴わない微笑を含めたものとし、特に、それらを区別して述べる必要がある場合において、笑い声を伴う笑いを「有声の笑い」、笑い声を伴わず、表情のみで示す笑いを「微笑」と表現する。

めの矯正手段（Bergson, 1900/1976）という意味も持ち合わせている。特に、声を上げて笑う、有声の笑い（laughter）は異質感に基づくものが多く（友定, 1993）、刃物では傷つけない一種の闘争（柳田, 1946）とも表現されるように、微笑（smile）よりも攻撃性が高いため、攻撃の意図はなくとも、しばしば、相手に不快感を与えてしまうことがある（平井・山田, 1989）。コミュニケーションとしての笑いには、人と仲良くなるための手段を意味し、笑うことで互いの緊張を解き、笑いを共有し合うことで親密感を深めるような相手への「親和」を表す“「協調」としての笑い”と、笑った方が勝利を手にすることで優越感に浸り、笑われた方が敗者となってみじめな思いをしなければならないという人を攻撃する手段となる笑いの性質を利用した“「攻撃」としての笑い”がある（井上, 1984）。

以上のように、乳児が養育者とのやり取りを通して発達させていく笑いは、次第に他者へも向けられるようになっていくにつれて、最初は相手への親しみを意味していたものから、親しみだけではなく、攻撃的意味も持ち合わせるようになってくる。つまり、乳児期において、笑い（微笑）は養育者と親密な関係を築くための主要なノンバーバルコミュニケーションの手段となるが（高橋, 1992）、発達が進むにつれ、私たちは日常のコミュニケーションで見られる笑いに対し、巧笑、朗笑、嬉笑、照れ笑い、愛想笑い、失笑、冷笑、嘲笑など様々な意味を付与するようになり、そこに込められた意図や感情を理解するようになるといえる。人間の笑いを考えるには、その多様性を明らかにする必要がある（松阪, 2008, 2014）。

笑いの対人的機能を考えた場合、「笑う人－笑われる人」の関係や笑いが生じた状況や集団の人間関係によって、笑いは親和的にも攻撃的にも機能する。人に向けた笑い、つまり、社会的笑い（微笑）は、時にポジティブに、時にネガティブに機能する。それはいわば、笑いという一つの現象が、二つの顔をもった古代ローマ神ヤヌスのように、ある人にとっては親和的に、ある人にとっては攻撃的に立ち現れているようなものに思える。しかし、これまでの笑いに対する議論は、笑いをポジティブなものとして価値付けるか否かという一方向だけで見つめ、その性質を語ってきたきらいがある。特に、子どもの社会的発達における嘲りの役割は、これまで笑いの理論を提唱してきた者たちですら焦点を当ててこなかった問題である（Billig, 2005/2011）。笑いを真に理解するためには、その対象が子どもの笑いであっても、笑いのもつポジティブな面とネガティブな面、その双方から理解する必要があるのではなかろうか。

2．なぜ、笑いの攻撃性に焦点を当てるのか

笑いの攻撃性に焦点を当てるということは、笑いのネガティブな側面、つまり、笑いのダークサイドから笑いを考察するということである。この点について、『ユーモアのダークサイド　笑いと嘲り』の著者 Michael Billig（2005/2011）は、以下のように述べている（下線は筆者による）。

「「笑うことは良いことだ」とよく言われるが、そう言う時、私たちは明らかに平凡な何かを口にしているのだから、それ以上正当化する必要はないと考えている。しかし、ユーモアの良さに関する信念も歴史から自由ではない。ある時代に自然に思えるもの、そのため完全に常識のように思えるものが、別の時代では奇妙に見えるものである。これが、常識を分析する者が歴史的次元を必要とする理由だ。後で見るが、ユーモアに関する今日の常識はそれほどきっぱり正しく、歴史的パターンを超越したものではないのである。

なぜ私たちの常識的な信念が単純ではないのか、理由がもう一つある。常識的な信念は自己欺瞞におちいりやすい。笑いは良いものだと考えられているから、ついこの「笑い」という言葉のあらゆる面に「良い」ユーモアのセンスがあると考えたがる。その結果、家族や友人と一緒の時や、大勢の見物人に混じってよそ者を見る時に楽しむおかしさという、問題をはらむ側面を無視することがある。もしこの集団的な笑いに恥ずかしい、暗い一面があるなら、自分自身から隠したいものがたくさんある。批判の課題とは常識的な信念を疑問視することだから、常識的な信念が見過ごしているものがもしあるなら、それ

は何なのか、そのような信念をもっている人からすら隠されているものは何なのかも、問わなければならない。」(pp.3-4)

幼児の笑いは、基本的に人への親しみから発せられるものであり、友だちや保育者に悪口を言ったり、相手が嫌がることをしたりする幼児でも、そのからかい行動に悪意は存在せず、むしろ、親しい者に対して、あるいは、親しくなりたいと望む相手に対して行うことが多い（平井・山田, 1989)、幼児の発する笑いには攻撃としての笑いがない（原坂, 1997）という指摘があるように、攻撃としての笑いが幼児期にどのように発達していくかについては、これまで十分に明らかにされてこなかった。しかし、このことは「幼児の笑いは良いものだ」という信念を疑問視しないことから生じる問題に対して、目を背けてきたとも言えるのではないだろうか。

実際、伊藤（2003）による幼児の笑いの観察研究でも、幼児が見せる笑いは、ほとんどが「協調」としての笑いに分類されるものであり、幼児の笑いの良さが結果に表れていた。観察された1390事例（年少児：237事例、年中児：510事例、年長児：643事例）の笑いのうち、笑った行為者に攻撃の意図がなく他者の劣等性や失敗について笑った事例や、それによって笑われた相手が無表情や不快を表す表情や泣くといった行動を示した事例を取り出してみても、そのような笑いの攻撃性が感じられる事例は、全体の1.0%しかなかった。しかし一方で、対象となった年少児、年中児、年長児の事例を、それぞれクラス別に検討してみた結果、笑いの攻撃性が感じられる事例が年長児に多いことも明らかになった（年少児：0.0%，年中児：0.4%，年長児：1.9%)。幼児が笑いに含まれる笑いの攻撃性を理解した上で、「嘲笑」などの攻撃的笑いを意図して行っていると明確に言える事例ではなかったものの、笑われた方が不快感を示したことで、笑った側が戸惑ってしまう様子が観察された。

幼児の笑いについて、友定（1993）は、幼児期初期の子どもにとって、親しい大人の存在が重要であり、基本的に大人の方が子どもに親しみを寄せ、笑顔を向けていくと述べている。子どもたちはそのことで自分自身が承認され、認められていく体験を重ねることで、次第に子どもの方から意志を持ってそれを引き出そうとする働きかけが生まれ、やがて子ども同士でも交流ができるようになっていくとした上で、子どもの笑いを、以下の3つに分類している（友定, 1993,1999a）。

① からだに関わる笑い
　水の感覚への喜び、食べることの楽しさ、性意識からの行動、からだの触れ合いや運動を通して見られる笑い
② 知的認識と笑い
　物事が分かる、自分の思いを様々な材料を使って形にする、ごっこ遊び・お話作り・ゲームを楽しむ、予想・予測を楽しむ、期待する、おかしさを楽しむ、といったことを通して見られる笑い
③ 人間関係と笑い
　保育者や子ども同士といった他者への親しみ、自分を見つめることを通して見られる笑い

友定（1993,1999a）の観点から、「攻撃」としての笑い、「協調」としての笑い、との関係から子どもの笑いを見てみると、“人間関係と笑い”の中に「攻撃」としての笑いである「嘲笑」が含まれている。嘲笑の出現について友定（1993）の観察記録では、3歳児（年少児：4月時点で3歳）になると集団の規範からのずれを理解し、笑われることを気にし始め、4歳児（年中児：4月時点で4歳）ではその笑いを他者へも向けるようになり、自分よりも劣ったものを笑うという嘲笑行為が出てくる。そして、5歳児（年長児：4月時点で5歳）の終わり頃になると、「笑ってはいけない」と自らコントロールするようになるという。それまで率直に感じたことを表現していた子どもたちが、それを制約し始めることは、「笑い」に潜む攻撃性を認め始め、笑いの二面性に気づき始めたことを意味するとしている。

自分がおもしろいと思って言ったユーモアが、相手には不愉快に受け取

られることがある。幼児期においても、たとえ子どもが笑顔で表現したユーモアであっても、相手にはおもしろいユーモアとして受け入れられないことがある。幼児が笑いの二面性に気づいていく過程の中でみられた年長児のユーモアの事例として、伊藤（2003）の記録には次のエピソードが見られている。

〔エピソード〕

給食準備、「机を拭きたい」と言う男児に、担任保育士が「S子ちゃんとU子ちゃんに頼んじゃった。」と言うと、それを聞いたY子（6歳3か月）が「ちっちゃいとちっちゃいだ」と笑顔で言う。それを聞いたS子（5歳6か月）がY子をじっと見ると、Y子は、気まずくなってK子を探しに行く。

このエピソードは、Y子が、自分よりも背の低いS子とU子を「ちっちゃいとちっちゃいだ」と、にこにこ笑いながら言ったことが、笑いの対象となったS子には受け入れられなかった事例である。Y子は単におもしろがって発した言葉だったが、S子はY子に笑顔を示すことなくじっと見ることで、Y子のユーモアを受け入れられないことを示し、それを見たY子は自分のユーモアがS子と共有できないものであることに気付く様子が見受けられる。

このように、幼児は自分がおもしろいと思って発した言葉や笑いが、必ずしも相手に受け入れられるわけではないということを直接的にも間接的にも経験していくことで、笑いに潜む二面性に気づき、笑いを親和的に用いるか攻撃的に用いるかも含めて情動表出を自らコントロールしていくようになることが推測される。「この場面では、笑ってはいけない」と自ら笑いをコントロールできるようになれば、笑いを攻撃の手段として自ら用いることも可能になると思われる。

ただし、伊藤（2003）の記録には、上述したY子とS子のやり取りのように、笑われた方が不快な思いをするという笑いの攻撃的性質が伴う笑いのエピソードはあったが、幼児が笑いの二面性（親和性・攻撃性）に気づいた上で笑いを攻撃として用いたことが明確に分かるエピソードは、観察期間中には見られなかった。幼児は自分の笑いが常に相手と共有できるものではなく、時に相手を不愉快な思いにさせることがあることを経験していたとしても、笑いの攻撃性についてどの程度理解しているのかは定かではない。友定（1993）は、笑いの攻撃性について気づく時期を“5歳児の終わり頃”としているが、それを“5歳児の1月頃”と想定したとしても実際のクラスの中には、5歳後半から6歳後半までの子がいるわけである。よって、笑いの二面性に気がつくようになるのはいつ頃か、ということについては、さらに検討する必要がある。

3. 本書における笑いの定義

厳密に定義すれば、笑い（laughter）と微笑（smile）は異なるものである。前者は「「微笑」に「はっはっは」のような声を伴うもの」であり、後者は「唇の端が上がって、鼻のわきにしわができた形が続く」表情である（川上・高井・川上, 2012）。笑いには快や喜び以外の意味が込められている場合があるとしても、その表情は大頬骨筋によって表される認知しやすい表情であり（Ekman & Friesen, 1982; Ekman, Davidson, & Friesen, 1990）、笑いに声が伴うことは強い情動を示すものとされている（Ekman & Friesen, 1975/1987）。

一方で、井上（2004）が指摘するように、「笑い」という概念を考える際には、声を出さない微笑（smile）から声を出す笑い（laughter）まで、連続してとらえる必要もある。幼児教育や保育が行われる幼稚園や保育所をフィールドとした観察研究においては（友定, 1993）、笑いについて「子どもが自然に笑ったと思えるもの」という基準で笑いの表情をとらえ、笑いが発生した状況を含めて具体的に記述・考察することが実際の保育に十分に役立つものになるという観点から、幼児の笑いを微笑から有声の笑いまで連続的に位置づける立場がある。「笑い」について検討するにあたっては、その表情である“微笑”と「ハハハ」などの声を伴う“笑い”という行動を分けて論じる場合と、声を出さない微笑（smile）から声を出す笑い（laughter）を「笑い」と位置づける場合があり、目的に応じて使い分ける必要があると思われる。

本書の目的は、幼児の笑いの表情の発達や笑いの起源についての考察ではなく、コミュニケーションにおいて発生する笑いが示す意味や、笑いがもつ親和性や攻撃性のような性質および機能に焦点を当てている。そこでは、笑いの表情や笑い声の形態よりも、それらの笑いが何を意味しているのか、笑い手の意図は何かということを文脈で捉え、解釈することが重要である。

したがって、本書では、刺激に対する反応という行動レベルでの笑い（laughter）およびその表情である微笑（smile）を含めて「笑い」とし、「笑い」が意味する性質や機能に焦点を当てた上で、笑いの性質（親和性・攻撃性）のうち、特に攻撃性に焦点を当てて考えていく。「笑い」と表記する際は、笑い声を伴う笑いと笑い声を伴わない微笑を含めたものとし、特に、それらを区別して述べる必要がある場合において、笑い声を伴う笑いを「有声の笑い」、笑い声を伴わず、表情のみで示す笑いを「微笑」と表現することにする。

４. 本書の目的と構成

本書の目的は、人に向けた笑い（社会的微笑および社会的笑い、以下「社会的笑い」）の発達を攻撃性の観点から検討することで、子どもの笑い、ひいては人間の笑いを親和性と攻撃性の両面から捉える意義について考察することである。

第Ⅰ部「笑いとは何か」の第１章では、これまで語られてきた人間の笑いに関する理論の概略を述べる。特に、笑いの攻撃性は優越感情理論の中で語られてきたが、その他の理論（不適合理論、覚醒理論、放出理論）からも笑いの攻撃性について考えてみる。第２章では、子ども期の笑いの発達について乳幼児期を中心にこれまでの研究をまとめる。乳児期の笑いは、親和的笑いとして発達するが、幼児期になると笑いを介したやり取りが常に心地良いものではないことに気付く事例が増えてくる。この気付きが、笑いには親和性だけでなく攻撃性もあることを知る基盤になると考えている。

第Ⅱ部「幼児期における笑いの攻撃性」では、幼児が表出する社会的笑いについて、5つの観察研究を取り上げる。

第3章では、幼児期に見られる社会的笑い全体について観察した結果を示す。そこでは、笑いを引き起こす刺激に対して、幼児が示した反応を「笑い反応」とし、笑い反応が起こる要因として、笑いが生じるための「刺激」と他者との「関係性」から幼児の笑いの実態を明らかにしている。また、一日に見せる笑いが多い幼児と少ない幼児の比較からは、幼児は、笑いの頻度の個人差にかかわらず、他者との親和的・受容的関係の下で笑うことが多いことを指摘し、笑いがいかに社会的なものであるかを示す。

第4章では、幼児の攻撃行動に伴う笑い（攻撃的笑い）を取り上げ、幼児期に少ないながらも見られる攻撃的笑いについて検討する。幼児の攻撃的笑いは、多く見られる現象ではないが、その“見えにくさ”こそが幼児の笑いを両面（親和性・攻撃性）から捉える重要性を示していることに言及する。

第5章では、保育の一斉活動場面という、幼児期の集団生活の中で大人による規制が比較的強いと思われる場面を取り上げ、その中で幼児が見せた大人に受け入れられない笑いについて考察する。親は子どもへのしつけの手段として、嘲笑や懲罰的なユーモアを用いることで大人のルールの世界を教えることがある（Dunn, 1988; Billig, 2005/2011）。保育という集団生活でルールや規律に反する行動をする子どもに対し、親とは異なる立場にある大人はどのようにかかわるのだろうか。笑いは常に相手にとって親和的に機能するわけではなく、適切に表出しなければ、相手に不愉快に思われたり、攻撃として受け取られたりすることがある。自分の笑いが受容されない経験もまた、笑いには親和性とともに攻撃性もあることの気付きにつながるのではないか。そのような笑いの規範性という観点から、大人が幼児の笑いを伴う行動を受容しなかったときに、幼児がどのような反応を見せるのかを検討する。

第Ⅲ部「笑いの不愉快さを語る」では、幼児を対象に実施した実験と大学生に対して行った質問紙調査の結果をまとめる。

第６章では、幼児を対象とした実験結果を報告する。主人公が自分の失敗を他児に笑われ泣いてしまうというストーリーの紙芝居を作成し、この笑いの理解課題を用いて実施した実験結果から、幼児が笑われる不愉快さを理解しているのか、そしていかに説明するのかを感情理解、心の理論との関連から検討する。

笑いは年齢とともに発達し、コミュニケーションにおいて重要な役割を果たすようになるが、幼児期以降になるほど、個人の性格や経験などの要因が大きくなり極めて多種多様となるため、一般的な発達を論じることは難しくなる（志水, 2000）。また、幼児期、児童期におけるユーモアの社会的機能や、その機能が児童期から青年期の間にどのように変化していくのか、家庭やその他の社会的環境がユーモア発達に与える影響、人生の後半でユーモアセンスの多様な構成要素がどのように変化していくのかなど、笑いを引き起こすユーモアの発達に関する知見も非常に限られている（Martin, 2007/2011）。

笑いとユーモアの発達の複雑さを笑いの攻撃性の側面から明らかにする一つとして、第７章および第８章では、大学生を対象にした質問紙調査を実施した。幼児期以降、笑いが常に自他にとって良い影響をもたらすわけではないことを経験する機会が増えると思われるが、第７章では、笑いの不愉快さの経験の有無を尋ね、不愉快な笑いの経験が「笑い」に対するイメージに影響を与えているのかを検討する。

笑いの発達が多種多様であるために、人間は嫌味や皮肉、諷刺などの形で、笑いの攻撃性を巧みに利用し、時に、権力に対する反逆を笑いやユーモアという形で創造することもできるようになる。それは、不愉快さを「不愉快だ」とそのまま主張するのではなく、笑いやユーモアに変換することができるようにもなることを意味している。第８章では、笑いの攻撃性にはネガティブな側面だけでなく、ポジティブな側面もあることについて検討する。笑いを親和性と攻撃性から考えることは、親和性を笑いのポジティブな性質、攻撃性をネガティブな性質と捉えることではなく、笑いの攻撃性もまた、ポジティブな機能とネガティブな機能を有していることについて論じる。

しかしながら、やはり笑いには人に深い傷を負わせる威力がある。第9章は本書の総括として、笑いの攻撃性について改めて論じた上で、社会的笑いを攻撃性の側面から考える意義についてまとめ、今後の課題を示す。

第Ⅰ部　笑いとは何か

第１章　笑いの理論

――笑いはどのように語られてきたか――

1.1　笑いを両面（親和・攻撃）から捉える意義

笑いやユーモア[2)]に関する主な理論には、「優越感情理論」（優越理論。アリストテレスやホッブスなど長く引き継がれている笑いに関する代表的な考え方。他者を犠牲にして得る優越感による喜びによって表出される笑い）、「覚醒理論」（生理的覚醒の増減と笑いの関係）、「不適合理論」（ズレの理論。不一致、不調和、不適当、不規則が突然変化したことが笑いを誘う）、「放出理論」（スペンサーやフロイトなどにみられる心的エネルギーの放出による快感現象としての笑い）があり、これまでもさまざまな論者によってまとめられてきた（e.g. Gordon, 2013; 井上,1997; Martin, 2007/2011; Morreall, 1983/1995）。その一人であるFeinberg（1978/1996）は、優越感情理論を支持し、どの理論にしろ、ユーモアには攻撃的な要素があるが、攻撃性だけで面白さが感じられるわけではなく、遊び心がたっぷりある要素が不可欠であり、ユーモラスなのは遊びのときのみであるとした上で、ユーモアの秘密は遊び心のある攻撃性であると断言している。

Smadja（2007/2011）は、笑いについて古くからよく知られている３つの特徴を挙げている。①笑いが人間に固有のものだということ、②笑いが構造的に喜びや愉快な気分に関係しているということ、③意識することなく、反射的に笑いが起こるのは考えるまでもないということ、である。こ

---

2)「笑い」と「ユーモア」について上野（2003）は、ユーモアとは「おもしろい」「おかしい」といった心の中に沸き上がる気持ちを指し、笑いは、ユーモアという心理的現象が行為となって表れたものであるとしている。また、ユーモアを喚起する刺激を「ユーモア刺激」とし、「ユーモア」とは区別する。

れら３つの点について、Smadja（2007/2011）の論を整理すると、①は、アリストテレスからラブレーが引き継いだ論であり、笑いは人間に最も近い類人猿にみられる笑いのような現象〔顔の動き〕を除けば、人間の文化に固有なものと捉える立場である。松阪（2008, 2014）によると、類人猿とヒトの笑いの特徴において、ヒトだけに見られる笑いの特徴は、外界の事物の意外性におかしみを感じること、他者を笑わせようとすること（おどけ）、多数の笑い声の同期と伝染、嘲笑、苦笑、ごまかし笑い、はにかみ笑いなどが挙げられ、これらヒトの多様な笑いが、いつ、どのように現れたかは今後の課題であるとしている。

②については、笑いは喜びの感情を、そして滑稽なことから生じる愉快な気分を「合図する」ものであり、幸せなとき人は笑い、何かおもしろい状況によって愉快な気分になるとき、人は幸せを感じるものであること、笑いは構造上、喜びや愉快な気分と連動しており、笑いからは健全なる精神が連想されるとしている。笑いと精神の健全性という点では、笑いは身体運動的な反応であり、一日 10 ～ 15 分、声を出して笑うことは一日の総エネルギー消費量が 10 ～ 40kcal 増加することに相当することや（Buchowski et al., 2007）、声を上げて笑うことによる交感神経優位から副交換神経優位への身体状態の変化が、適度な運動の場合と同じであり、ストレスの減少に役立つなど、近年、笑いと健康の関係を支持する実証的知見が得られている（志水, 2000）。ここからも、笑いは、精神的にも身体的にも快をもたらすという特徴があると言える。

Smadja（2007/2011）による笑いの特徴の３点目は、笑いの「衝動的」特徴と「痙攣的」特徴である。笑いは、あらかじめ気持ちを整理したり考えをまとめたりしない自動性・反射・機械的行動といった概念に関連するように、笑いはじっくり考えて表出されるものではなく、突き動かされることによって実現されるものとしている。そして、この「自動性」という性質については、笑いとは、笑う人が習慣的におこなう社会的行為であって、それを意識することなく、合理化（意識的な理由づけで無意識的な行為を正当化すること）や二次加工（ある程度筋が通るように修正すること）の対象となっていると指摘している。したがって、笑いをさらに理解するには、概念的なものに頼りつつ、エソロジー、医学、認知心理学、精神分析、人類学といった専門的方法論にも頼らねばならず、これらの学問を連動させる方法のひとつとして、コミュニケーションの概念を挙げている。そこでは「笑い」を、顔による感情表現のひとつであり、さまざまなタイプの感情メッセージを表す、言葉をまったく使わない伝達手段とした上で、メッセージの中で笑いが表す感情は、喜びと愉快な気分だけではなく攻撃性と不安もあることが述べられている。

以上のことから、コミュニケーションとしての笑い（社会的な笑い）を考える際には、学際的なアプローチと、親和／攻撃および愉快／不安のような笑いの相反する二つの性質を包含した議論が必要であるといえる。このことは、本研究における中心的な問題でもある。

1.2　笑いの理論と笑いの攻撃性

1.2.1　優越感情理論と笑いの攻撃性

これまでに笑いやユーモアについて提唱されてきた理論は、優越感情理論、不適合理論（ズレ理論）、放出理論の３つにカテゴライズするのが慣例になっている（Billig, 2005/2011; Morreall, 1983/1995）。科学的な検証になじまないものを除くと、不適合理論、優越感情理論、覚醒理論の３つに分類することができ、その中でも不適合理論が、全てのユーモアに関わる基本的な認知的メカニズムを説明した、現在、最も包括的な理論であるとされている（伊藤, 2007）。しかし、この中で、笑いの攻撃的機能について説明する理論とされるのは、優越感情理論である。

笑いに攻撃性が存在することは明らかな事実として知られてきたことである。2000年以上も前に書かれたとされる聖書の中に表れる「笑う」または「笑い」という言葉の45%が攻撃に関係のある文脈で用いられているように（Ziv, 1984/1995）、笑いは歴史的に攻撃の表現として注目され、優越感情理論も敵意や攻撃性から生まれる笑いに関わる理論として古くから考察されてきた（Ferguson & Ford, 2008）。しかし、笑いの攻撃性については、他者の欠陥や失敗、弱点に対して、相手を侮辱し、見下すことで生じた快感によって直接的／間接的に攻撃を行う笑いという枠組みの中で捉えることに限定され、笑いのポジティブな側面とネガティブな側面の両面を理解する理論としてまとめられることがなかったように思われる。その理由の一つとして、面目つぶし理論とも言われる優越感情理論が基本的に個人主義的に解釈され、笑いがもともと社会的なものであり、一人の時は笑いが滅多に生じないことを無視している（Billig, 2005/2011）ことが考えられる。

Bryant（1977）は、ユーモア刺激に含まれる敵意や攻撃性が高すぎても低すぎてもおもしろさが増大しないことを指摘しているが、ユーモア刺激に含まれる攻撃性は、笑いの表出やユーモア経験を妨げやすく、愉悦の感情を惹起した場合には、優越感の一種とみなされてきた傾向がある。笑いやユーモアの攻撃性をおもしろいと思うか否かについては、個人差が激しく、その理由として、上野（1992）は、攻撃の動因状態にない場合や、その攻撃を嫌う場合は、ユーモア喚起は不快感によって抑制されるか、あるいは、攻撃の要素がオチに関係するような認知構造の鍵となっているならばユーモアが喚起されないことを指摘している。ユーモアに含まれる攻撃の要素をおもしろいと思って笑うような攻撃的ユーモア志向は、攻撃性と関連することも示されている（上野, 1993）。優越感情理論から笑いを捉えると、攻撃性の高い者が笑いの対象に対する優越感から笑うということになり、「笑いは勝利の歌である（Pagnol, 1947/1953）」という表現に収斂されるように、笑う者と笑われる対象には上下関係が存在することになる。

優越感情理論から日本の笑い文化を考えると、日本では諷刺という風習がほとんど存在せず、日本人は笑いという有効な武器をとうに捨てた（捨てさせられた）国民であり、何を笑うかという勉強より、笑われまいという努力に力点がかかっている（飯沢, 1977）と言われてきた。柳田（1946/1998）によると、日本人は笑われるという被害や精神上の損傷に敏感で、人が笑い、自分が笑われる不幸を痛感する人が多く、笑われまいとする努力が今日の道徳律や多くの窮屈な慣習を作っているという。しかし、社会諷刺という手段によって、直接には対抗できない大きな権力に向かって笑いやユーモアという形で自らの意見を表現するということを鑑みると、笑いの攻撃性にもまた、ポジティブな側面とネガティブな側面が含まれることが考えられる。

1.2.2 不適合理論と笑いの攻撃性

笑いには生起する条件となる変数がある（Nerhardt, 1976）。笑いを引き起こす刺激条件として「期待や予測とのズレ」による驚き・緊張とともに、それが深刻な事態ではないと解釈される必要があるという見解が繰り返し強調されてきた（松阪, 2008）。不適合理論によれば、人間がユーモア経験をする際、ユーモア刺激に何らかの不適合を感じるため「おもしろい」と思ったり、実際に笑ったりすると考えられている。あるユーモア刺激を「おもしろい」と思うと、人は笑ったり笑いそうになったりするだけでなく、話の内容にも引き込まれるとともに印象深く感じ、感覚的不適合（予測や常識と実際とのズレという意味での不適合）も論理的不適合（論理の欠如という意味での不適合）も高く評価する（野村・丸野, 2008a）。すべてのユーモア刺激には、ユーモアの生起条件として感覚的不適合が含まれており、論理的不適合はユーモア刺激に含まれる場合と含まれない場合があるとされている（伊藤, 2007；野村・丸野, 2008b）。また、伊藤（2007）は、不適合理論を整理するにあたり、安全と判断されなければユーモアは生起しないという要因の重要性は認めながらも、危険でないことが明白なユーモア刺激に限った論を展開している。

笑いやユーモアが持つ性質である“攻撃性”については、不適合理論のみで説明するのは難しいのではないかと思われる。この点についてFeinberg（1978/1996）は、不適合にも攻撃的要素が含まれていることを指摘している。Feinberg（1978/1996）の見解では、不適合のみが面白さを引き起こすのではなく、人を笑うとき我々は常にその人の欠陥を笑っているのであり、我々が笑う対象は不適合の中でも劣等の部分だけであって、笑いが生じるときは優越性と遊び心たっぷりの攻撃性があったときであるとしている。したがって、笑いやユーモアの攻撃性を科学的に捉えようとする際には、不適合理論と優越感情理論の考え方を融合して解釈する必要があるように思われる。

1.2.3 覚醒理論および放出理論と笑いの攻撃性

笑いの攻撃性を研究するにあたっては、これまで哲学的および文学的に思索されてきた笑いの性質にも目を向けつつ、攻撃として笑いを用いることで快楽を得るという人間の特性についても注目していく必要があると考える。人間の特性という点で、人の笑いの神経生理学的基盤を明らかにする上で、ユーモア過程という認知的側面や情動表出としての笑い（微笑）という側面を実証するにあたり、従来の笑いの理論における覚醒理論および放出理論が参考になるかもしれない。

覚醒理論とは、ユーモア研究の視点からいえば、ユーモア生起のためには短時間での覚醒水準の増大と低減が必要である、というものである。先行する刺激やユーモア刺激に含まれる新奇性、意外性、複雑性といった注意を引き付ける要素により不快として経験されるまでに高まった覚醒水準が、最終的にユーモア刺激に含まれるオチなどの知覚をきっかけとして、最適な水準まで低減することで、ユーモアという快感情として経験される、という Berlyne（1972）の仮説が中心となっている（野村・丸野, 2008b）。しかし、ユーモア刺激により心拍数が上昇し、交感神経が覚醒するという研究（Averill, 1969）など、ユーモア経験の強さが覚醒の低減よりもむしろ増大と関係するという、覚醒理論の仮説に反する実証的研究が報告されており、覚醒理論は、覚醒という基本的な現象からユーモアを説明しようとした点では包括的な理論と言えるが、その妥当性が支持されていない（伊藤, 2007；野村・丸野, 2008b）。

放出理論は、なぜ笑いに特有の身体的形式をとるのか、そしてその生物学的機能は何なのかという問題に焦点を当てており、笑いに含まれる情動に焦点を当てている優越感情理論や、笑いを引き起こす対象や観念に焦点を当てている不適合理論とは異なる問題に関心を向けている（Morreall,

1983/1995)。そこでは、笑いは蓄積・抑圧されたエネルギーの発散という形で論じられている。特に、フロイト（Freud, S.）はそれまで無視されてきた発達的側面を指摘しているという点では興味深いが、成人の心理の起源が幼児期にあり、成人期に夢やジョークに間接的に表現される攻撃性や性欲の幼児期の起源を追うことを意味していること、フロイトの分析が無意識的動機に集中していること（Billig, 2005/2011）を考えると、妥当性が証明されているとは言い難い。

Berlyne（1972）および Freud（1905/1970）の仮説が実証的には支持されないとしても、覚醒理論と放出理論が生理学的視点を提供した意義は大きいと思われる。心拍数や皮膚伝導率、血圧、筋肉の緊張など種々の心理生理的な変数について調べたこれまでの研究の中には、ユーモアが他の感情と同様に、根本的には生理的覚醒の上昇と関連した感情反応（つまり、愉悦）とする観点と一致する知見が得られている（Martin, 2007/2011）。このことは、いわば「生理的不適合」とも言える現象かもしれない。

笑いという外的な情動表出と、ユーモアという内的な情動状態および情動体験について“覚醒”という生理学的尺度を用いて評価することは、人間の情動を知るためには有効な視点であると思われる。感情心理学においては、感情（情動）を測定する3つの尺度が挙げられており、その中の一つに心拍などの心理生理的尺度がある（濱・鈴木, 2001）。3つの尺度とは、①感情体験（emotional experience）を測定する質問紙法などの主観的言語報告である心理的尺度、②内的な感情状態（emotional state）と外的な感情表出（emotional expression）の関連を表す心理生理的尺度、③表情、音声、しぐさ、姿勢などの行動的尺度である。生体反応を心的過程の指標とみなして実証的な研究を行う生理心理学においても、3つの反応系（認知系：主観的尺度、生理系：ポリグラフ、行動系：パフォーマンス）を測ることで人間の全体像を明らかにしようとしている（山田, 1998）。情動反応の実験心理学的研究においては様々な困難性があるため、心理的尺度と生理的尺度の関係を明らかするためにはクリアすべき問題はあるものの、両者の関係を明確にすることは心理学始まって以来の大命題でもある（鈴木,

2001)。

近年では、笑いやユーモアについて、脳神経科学や生理学の領域での研究がなされるようになってきている。たとえば、fMRIによりユーモアの認知過程や（Samson, Zysset, & Huber, 2008）、笑い声に対する反応（Shultz, Vouloumanos, & Pelphrey, 2012）を明らかにしようとする研究や、笑いのようなポジティブな感情が人間の健康を促進するという点から自律神経系と笑いの効果を期待する研究も報告されている（Sakuragi, Sugiyama & Takeuchi, 2002; 広崎, 2010)。また、笑いが本来的に社会的行為である理由を従来の理論では説明できないが（Billig, 2005/2011）、苧阪（2010）は、笑いとかかわる脳の諸領域を「笑い脳」として、笑いと報酬系および社会脳研究の動向からまとめている。笑いとユーモアの神経科学の今後の展望として岩瀬（2012）は、笑いにおける両半球の役割、ユーモア理解における個人差、ユーモアの違いによる脳内回路の差異、情動体験の神経機構、笑いの系統発生などを挙げている。

現在、笑いの研究については、人文社会科学と自然科学の領域の研究者たちによって学際的に研究が進められている。これまでの理論では扱いきれなかった笑いの理論が構築され、笑いの攻撃性についてもこれまでの枠組みに囚われない新たな理論が展開されることが期待されている過程にあると言えるだろう。

1.2.4　本研究の立場

笑いの攻撃性を考える上で、笑う側に生じる快感情と笑われる側に生じる不快感情に目を向けないわけにはいかない。優越感情理論で指摘されてきたように、笑いは犠牲者に苦痛をもたらすが、一層残酷なことには、笑いを実行する者はそれをすることで快楽を得る（Billig, 2005/2011)。「不適合」という言葉を用いれば、優越感情理論で論じられてきた笑いは、「感情的不適合」が生じた笑いとも言えるかもしれない。

石田（2009）は、一般的に考えられている「快感情と笑い」という関係に対して、「苦悩と笑い」(「反苦悩」の笑いは究極的には快をもたらすものであっても決して快から生まれ出ず、その源は苦悩である）の側面を指摘し、「笑いは二重の感情、矛盾する感情の表現だ」というボードレールの言葉を引用した上で、笑いについて、本来的に、対立する二項を基盤としながら常にその対立を危うくするものであり、苦悩と同根でありながら対立する姿をとり顕現したもの、さらには、再統合への意志を秘めたものである、と述べている。

Bergson（1900/1976）は、笑いは、好意的なものは何ら持っていなく、悪に報いるための矯正手段という意味も持ち合わせていることを指摘すると同時に、笑う対象に対して一瞬とはいえ共感が生じていることにも触れている（下線は筆者による）。

> 「喜劇的人物はしばしば我々がまず肉体的に共感してかかる人物である。私の言おうとするのは、我々はほんのしばらくの間彼の立場に身を置き、彼の身振り、言葉、行為をとり、そして、もし我々が彼の中にある笑止なものに興味を催すとしたなら、我々は想像の裡で我々と一緒に楽しみを共にするよう彼に勧めるという意味である。すなわち我々はまず彼を仲間として取扱っているのだ。だから笑う人には少なくとも見かけだけでも親切なところ、愛想のよい朗らかさがあり、それを勘定に入れなかったらいけないことになるであろう。（中略）
>
> けれども、我々はほんの一瞬息をつくだけである。滑稽の印象中に這入りうる共感は、すぐ消え去る共感である。それもまた実は放心から来るものだ。かようにして、厳格な父が時として我を忘れてその子供の悪ふざけの仲間入りをしに行って、それを矯正するために早速それを思いとどまるのである。
>
> 笑いは何よりもまず矯正である。屈辱を与えるように出来ている笑いは、笑いの的となる人間につらい思いをさせなければならぬ。社会は笑いによって人が社会に対して振舞った自由行動に復讐するのだ。笑いがもし共感と好意の刻印をうたれていたならば、その目的を遂げることはないであろう。（中略）

他の場合と同じように、ここでも、自然は善のために悪を利用したのである。この研究全体にわたって我々が意をそそいできたものは、特にこの善である。我々に思われたことは、社会はそれが完全の域に進むにつれてますます大いなる適応のしなやかさをその成員から要求しているということ、それは根柢においてますますうまい具合に平衡化しようと目差していること、それはますますその表面からかような大集団には附き物のさまざまな混乱を一掃すること、そして笑いはそれらの波立ちの形態を強調することによって有用な役目を果たしているということであった。」(pp.177-181)

以上のことから、笑いの攻撃性を捉える場合、従来の個人主義的傾向の強い優越感情理論ではなく、矯正機能をもった社会的なものであることを踏まえる必要があると思われる。また、笑いが快感情だけでなく苦悩という側面があることやたとえ一瞬であっても笑い手が笑う相手に向ける共感があるという指摘からは、笑いの攻撃性に含まれる感情について、優越感以外の感情が生じる可能性も考慮しなければならないだろう。さらに、ベルクソン（Bergson）が指摘する「笑い」とは、社会の共同生活に障害となるような「ぎこちなさ」を取り除き、罰する「社会的身振り」である(中村, 2011)。社会が求める作法に反した者の行為を矯正するために笑いの矯正機能が用いられるとすれば、社会的規範からの逸脱が笑いを引き起こす刺激であり、優越感情理論に依拠しつつも、笑う側と笑われる側の感情のズレと認知的なズレとしての不適合理論の点から考えることも可能であろう。

したがって、次章以降は、Bergson（1900/1976）の矯正機能に基づく優越感情理論および不適合理論を念頭に置いた上で、社会的笑いにおける攻撃性について、個人と社会の関係の中で考えていくことにしたい。

第2章　社会的笑いの発達

2.1　乳児期における笑いの発達

人間は、生得的に“ほほえみ”の表情を有している（高橋, 1973）。新生児の微笑を観察した研究によると（Lavelli & Fogel, 2005; 高橋, 1995）、新生児は養育者（主に母親）などへの社会的反応とは無関係に示される微笑である「自発的微笑（spontaneous smiling）」を多く見せるが、生後3週目になると、母親との対面的なやり取りにおいて微笑（smile）と未分化な母音様の音声であるクーイングを表出する反応を見せるようになり、生後1か月になると母親の顔を見てはっきり微笑する様子も見られるようになる。よって、生後1か月頃は、人との関係の中でコミュニケーションの手段として用いられる「社会的微笑（social smiling）」の始まりの段階であると言える。

その後、乳児は日々の母親との社会的相互作用の経験を積み重ね、2か月の終わり頃には、乳児が母親に対し自ら微笑を示すことで、母親も話しかけや微笑を返すというポジティブなコミュニケーションの流れが続くようになる（Lavelli & Fogel, 2005）。この時期には、親だけでなく見知らぬ人（stranger）との間にも、微笑を媒介とした社会的相互交渉が成立するようになる（高橋, 1995）。生後2か月頃に社会的刺激に対する認知能力が発達することで社会的微笑が形成され、自発的微笑と社会的微笑の分化が進む可能性が考えられる（松阪, 2013）。

乳児の有声の笑いは微笑よりも後に生じる（Kawakami et al., 2006; Kawakami, 1978; Sroufe & Waters, 1976）。7か月児においては、物とのやり取りよりも、両親との社会的相互作用場面において多くの笑いを見せることが確認されている（Aksan & Kochanska, 2004）。乳児院における乳児2名と保育者とのやり取りについて、生後11か月の終わりまで観察した川上の研究では（1978）、社会的微笑が初めて見られた乳児は生後7週目、人に向けた有声の笑いである「社会的笑い（social laugh）」が見られたのは生後16週目であった。施設児と保育者の関係と家庭児の母子関係は異なるものの、笑いは保育者との対人的なやり取り場面で発声しやすい、極めて「社会的」な行動であり、乳児の社会化の発達は乳児と大人の相互作用の結果であることが示唆される（川上, 1978）。乳児期の子どもは、養育者などの親しい大人との関係において笑いのやり取りを経験していく中で、笑いがもつ社会的な意味を学習していると考えられる。

笑いの顔面表情は、多くの表情筋を用いて作られる（志水, 2000）。乳児期において子どもは既に、成人と同じように他者とのコミュニケーションの中で笑いの表情を使い分けることで、見知らぬ者に対する不安に対処するための情動調節を行っている可能性が示唆されている（Fox & Davidson, 1987, 1988）。たとえば、6か月の乳児は、母親とのやり取りの中で、頬骨と眼輪筋の動きが見られず、口元だけで表す微笑（non-Duchenne smile）と頬が上がることで目の収縮が伴う微笑（Duchenne smile）という表現形態の異なる2種類の微笑を連続的に示すことが多い（Messinger, Fogel, & Dickson, 1999）。しかし、10か月児を対象に脳波と情動表出の関連を調べたFox & Davidson（1988）は、眼輪筋の収縮のない微笑（non-Duchenne smile）は初対面の者に対して多く、眼輪筋の収縮を伴う微笑（Duchenne smile）は母親への反応として多く見られ、それらの微笑に関する脳波の活動部位もそれぞれ異なっていることを見出した。

コミュニケーションの手段として機能する社会的微笑は、出生時には出現しない。しかし、出生後、乳児が見せる“ほほえみ”の表情によって、養育者（主に母親）は子どもへの働きかけを強化し、養育者の呼びかけに乳児が微笑み、微笑を示された養育者も微笑み返したり話しかけたりすることで、社会的相互作用は活発化される。乳児は養育者との社会的文脈の中で行われる笑いを用いたやり取りを通して、徐々に社会的な笑いを発達させ（Messinger & Fogel, 2007; 高橋, 1995)、自分が楽しいと思えることを引き出せるようにもなっていく（Dunn, 1988)。

乳児にとって、笑いは養育者との親密な関係を築く上で重要なコミュニケーションの手段であり、乳児は親しい関係にある大人との笑いのやり取りを日常生活の中で繰り返し行うことによって、笑いの親和性がもつ様々な機能を学習していると考えられる。乳児期は、相手や状況に応じて笑いを使い分けることで関係を円滑に図ることを学ぶ最初の発達段階にあると考えられる。

2.2 幼児期における笑いの発達

友定（1992, 1993）は、6年間にわたり幼児の笑いを縦断的に観察し、幼児の発達を笑いという視点から分析した。乳児期同様、1歳児も他者との交流において相手に対する親しみの表現として笑いを多く見せる。しかし、1歳児の笑いは成人の笑いとは異なり、2つ以上の意味間のズレによって引き起こされるおかしさに基づく笑いはごく例外的であるという。ここから、幼児期のごく初期までは、認知的な不適合理論に基づく笑いは少ないことが推測される。従来の不適合理論でいわれている「ズレ」におかしみを感じるようになるのは、友定（1992, 1993）の記録では2歳児以降にみられるらしい。たとえば、言語概念図式の獲得期である2歳児になると、自分が理解していることに対して笑う様子（例：手遊び中、自分が覚えている所で笑う）が非常に多く観察されるとともに、次第に、図式の「ズレ」の理解がある程度可能になることによって意味間の「ズレ」が引き起こす「おかしさ」が分かるようになる（例：陽が陰る外的な条件に触発され「ねることにするかー」と言って寝たふりをした相手に対し「朝じゃねー」とニコニコ笑い、「おきろー」「あさー」と号令をかけながら寝たり起きたりを繰り返す)。

「ズレ」のおかしさで笑う姿は、幼児期後半になるほど多く観察されることが報告されており、さらに、2歳児では、意図的におかしい場面を作り出して大人を笑わせることを楽しむ姿、得意そうな笑顔および恥ずかしさの笑顔が見られるようになり、笑いを能動的に用いたり、自他関係を意識して笑ったりするようにもなることも観察されている。幼児期においては、親和的笑いが多様化していく一方で、2つ以上の意味間の「ズレ」を理解する認知能力の発達に伴い、自分の失敗の恥に対する笑いや、笑われることによる恥ずかしさを経験し、笑いがもっているもう一つの側面である攻撃的な性質への気づきに向かっていく過程が示唆される。乳児期に発達した親和的笑いを基礎として、幼児期では親和的笑いのバリエーションが増加する一方で、「ズレ」を理解する認知能力の発達に伴い、笑いの攻撃性の意味を徐々に理解していくようになることが推察される。

しかし、友定（1992他）の幼児の笑いの観察研究は、幼児の笑いの姿を全体的に捉えるのに優れているが、幼児期における笑い全般の記述的な報告に留まっている。以下では、特に幼児期における笑いの攻撃性に焦点を当てることで、幼児の「攻撃的笑い」の発達について考えてみる。

他者と繋がるために用いられる笑いが親和性に基づくものならば、逆に他者との関係を絶つために用いられる攻撃性に基づいた笑いはいつ頃から見られるのであろうか。攻撃を意図した笑いの一つに「嘲笑」が挙げられる。嘲笑の出現について友定（1993）は、3歳児（年少児）になると自分が他者に受け入れられているかどうかに敏感になり、集団の規範からのズレを理解できるようになることで笑われることを気にし始め、4歳児（年中児）になるとその笑いを他者にも向けるようになり、自分より劣ったものを笑うという嘲笑行為が出現するとしている。ただし、4歳児（年中児）に見られる嘲笑には、笑った本人は攻撃と思っていないだけでなく、笑われた方も不快感を覚えながらも攻撃とは受け取っておらず、笑いの攻撃性を認め始めるのは、「笑ってはいけない」と自らコントロールするようになる5歳児（年長児）であるとも指摘している。その例として、4歳児の事例には、男児（N男）のパンツの一部がズボンからはみ出しているのを先生が見つけ、「N男君、パンツ」と言ったのに対して、N男がパンツを入れ直している間中、隣にいた男児が「アッハッハッハー、おかしいよー、こんなとこで、パンツ出してー」と笑い、別の女児も「笑われるよー」と笑って本人を責めるという行動が記述されている。

また、友定（1993）は、嘲笑出現の背景には保育者などの大人が無意識に行う「人に笑われるよ」という圧力で行動を規制していくような、笑いを社会的制裁の手段として用いる教育があり、そのことによって規範を守らない子は「笑ってもいい」対象であると子どもたちに解釈させている可能性を示唆している。このような大人の対応は、先述した日本文化における笑いの特徴やBergon（1900/1976）の笑いの矯正機能にもつながるだろう。

人に笑われるような行動として大人が行動を規制する対象となるものには、子どものふざけ行動が挙げられる。子どものふざけ行動は、大人からは「悪ふざけ」のように望ましくない行動と見なされやすいため（平井・山田, 1989）、教育の対象になりやすい行動であると思われる。幼児のふざけ行動について堀越・無藤（2000）は、ふざけ行動を「行為者が相手から笑いを取るきっかけとなる、関係や文脈から外れた不調和でおかしな行為であり、他の人に伝染することもある行為」と定義した上で、ふざけの種類を「大げさ・滑稽」、「真似」、「ことば遊び・替え歌」、「からかい」、「タブー」の５つに分類した。幼児は、そのようなふざけを特定の仲間との関係構築、関係確認、関係強化を図るコミュニケーション手段として用い、やり取りすることがある（堀越, 2003）。からかいや侮辱的な言動であっても、必ずしも自分を優位な立場に立たせたり、相手との関係を絶ったりすることを目的とするわけではなく、互いの親和的な関係を表現する手段として用いられることがあるのである（Hay, 2000）。

序論で示したエピソードでは、Ｙ子（6歳３か月）が笑顔で「ちっちゃいとちっちゃいだ」と言ったことに対し、「ちっちゃい」と言われたＳ子（5歳６か月）は、Ｙ子をじっと見つめ、Ｙ子にとってのおもしろさを受け入れなかった。Ｙ子は、気まずくなってその場を離れるが、Ｙ子の「ちっちゃいとちっちゃいだ」という言葉はＳ子に対する親和的な関係を表現したものと思われる。しかし、このようなふざけ行動に見られる良好な仲間関係の維持・発展をもたらすための笑いは、本書で取り上げる攻撃を意図した笑い（攻撃的笑い）を向けた相手には示されないと考える。なぜなら、笑いを攻撃として用いる場合、Bergson（1900/1976）が指摘したように、たとえ笑う対象へ一瞬でも共感が生じていたとしても「笑いは何よりもまず矯正」であり、「屈辱を与えるように出来ている笑いは、笑いの的となる人間につらい思いをさせなければならぬ」のである。攻撃的笑いを向ける相手との関係や遊びをさらにポジティブなものに発展させようという意図は見られないものが、第4章で取り上げる幼児の攻撃的笑いである。

ただし言うまでもなく、文脈から切り離された言動では笑い手が攻撃を意図しているのか、仲間との良好な関係をさらに高めることを意図しているのかは判断できず、表出された笑いの意味や機能を第三者が評価することは慎重でなければならない。本書では以降、「攻撃的笑い」と表記する際は、「相手との関係を絶つための攻撃の手段として笑うこと」という笑い手の攻撃の意図に焦点を当て、幼児の攻撃的笑いの発達と笑いの攻撃性について明らかにする可能性を探ることにしたい。したがって、幼児の「攻撃的笑い」を「相手との関係を絶つための攻撃の手段として笑うこと」とする立場から言えば、友定（1993）の4歳児（年中児）に見られる“嘲笑”は、笑われた側が不快感を覚える笑いであったとしても、笑い手自身には攻撃の意図がないため、「攻撃的笑い」とは言えない。

また、幼児期の攻撃的笑いの性差についても考える必要がある。青年期以降においては、「男性が笑わせ、女性が笑う」という役割が暗黙のうちにあるため、男性にとっては人を笑わせられるか否かが非常に重要な技量であるとみなされていたり（上野, 1996）、男性はブラック・ユーモアや他者を攻撃するような内容のユーモアを言ったり聞いたりして楽しむ攻撃的ユーモア・センスが高く、女性は、言葉遊びやしゃれなどを言ったり聞いたりして楽しむ遊戯的ユーモア・センスが高いという結果が得られていたり（谷・大坊, 2008）、笑いとジェンダーに関する研究が複数報告されている。一方で、幼児については、幼児期における笑いに性差はない（Sarra & Otta, 2001）、笑いを引き起こすユーモア刺激に対する幼児の反応に性差は見られない（Bainum, Lounsbury, & Pollio, 1984）など見解が一致しておらず、幼児期の笑いに関するジェンダー研究は、成人の研究に比べて進んでいるとは言いがたい。この問題は、本書でも扱うことはできないが、直接的攻撃が男児において多く見られ、関係性攻撃が女児に多く見られるならば（畠山・山崎, 2002）、攻撃行動のタイプによって攻撃的笑いの表出に性差がある可能性が考えられる。だが一方で、関係性攻撃得点については年齢差はあっても性差はない（畠山・畠山, 2012）とも言われているため、攻撃的笑いの表出に性差が見られない可能性もまた考えられる。よって、笑いの発達を考える上では、どの発達段階からジェンダー差が生じるのか、その要因は何かなど、今後、子ども期における笑いの発達として研究を進めていく必要があるだろう。

2.3　児童期以降の笑いの発達

小学1年生を対象に、学級集団において生起する笑いの観察研究を行った堂本（2002）は、学校という秩序の抑制が効いた場面では、笑いにある攻撃性のような相手の失敗、学校や教師に対する価値低下を笑う事例が多くあらわれる反面、子どもたちは笑いが好きで笑いを求めており、学校の規範に合わせようとする自己と抵抗しようとする自己との間で葛藤する中で笑いにより解放感を得ることに加え、仲間と笑いを共有することで学級集団の凝集性が高まることを指摘している。堂本（2002）の事例には、秩序を乱すほどの大げさな笑いに不快感を示す子どもの様子が見られるものの、子どもたちが笑いを用いて、生き生きと自己を表現し、学校生活に適応していく様子が記述されている。

児童期以降、子どもたちは何に対して“おもしろい”と感じ、笑うようになるのであろうか。ユーモアについて牧野（2005）は、「送り手からの刺激に対して、受け手がおもしろい、おかしいという知覚反応を示す過程」と定義し、ユーモアを生起させる刺激を「ユーモア刺激」、送り手からの刺激に対する受け手のおもしろい、おかしいという反応を「ユーモア反応」としている。刺激に対して「おもしろい」と感じるためには、不適合（incongruity）のようなズレを知覚することが必要条件となっている（La Fave, Haddad, & Maesen,1976）。不適合には、ドタバタ喜劇やナンセンスジョークなど知識や常識との乖離がユーモアをもたらす「感覚的不適合」と、オチのある漫才や落語および4コマ漫画のように、ユーモアを知覚するためには論理の欠如の解決を要する「論理的不適合」がある（伊藤, 2007, 2010）。

McGhee（1979/1999）は、乳幼児の笑いには不適合の知覚に対するユーモラスな反応と、ユーモラスなものを含まず、遊びなどに対する子どもの漠然とした楽しさを表す反応があり、それらは分けて考えるべきであるとした上で、子どもが言葉の曖昧な意味を理解するようになるのは、6歳から8歳が過渡期であり、意味の多重性に基づくジョークの理解が進むことで、学童期にはより抽象的で複雑な曖昧性をもつユーモア刺激を理解するようになっていくとしている。言語によるジョークを児童期以降の子どもに提示し、おもしろさの評価を求めた実験では（Schultz & Horibe, 1974）、8歳以上の子どもが不適合解決を要するジョークのおもしろさを理解できていた。したがって、特に言語による皮肉や社会諷刺などのジョークの攻撃性については、ユーモア刺激に含まれる論理的な不適合解決を必要とするため、攻撃的ユーモア刺激を理解し創出するようになるのは児童期以降に増加する可能性が高い。会話上における皮肉や嫌味の理解などのユーモアの社会的機能が児童期から青年期の間にどのように変化していくのかは、これからの研究に求められている課題でもある（Martin, 2007/2011）。

非難・軽蔑ユーモア（disparagement humor）は、中傷、軽蔑、貶（けな）しを対象に向けることで愉悦感情を喚起させるユーモアであり、相手に敵意感情を向けることで、ポジティブな心理的効果をもたらすものであるとみなされている（Ferguson & Ford, 2008）。非難・軽蔑ユーモアのような攻撃的ユーモア刺激の作り手となるためには、攻撃的ユーモア刺激を笑う場合と同様、ユーモア刺激や笑いに含まれる不適合と攻撃性を理解することが前提にあると思われる。なぜなら、非難・軽蔑ユーモアは、不適合であるおかしみと、そのおかしみを理解する不適合解決が重要な意味をもっているからである（Suls, 1977）。ユーモア刺激を用いて相手を攻撃するためには、“おかしい”“変だ”というズレを示す感覚的不適合と、刺激に含まれる攻撃をユーモアに変換する不適合解決の要素を創り出す必要があると考えられ、それが攻撃だと気づかれないようにするためには、さらに巧妙な手段で攻撃的ユーモア刺激を示すスキルが求められる。よって、幼児期において攻撃的笑いを発する場合は相手に対して「おかしい」「変だ」ということを伝える手段になってはいるものの、論理的不適合を巧みに用いて相手を攻撃するような形態は児童期以降にみられることが推測される。

また、攻撃的ユーモア刺激の理解について検討する際には、少なくとも二つのレベルを考える必要があると思われる。一つは、ユーモア刺激の中に作り手が意図的に組み込んだ攻撃性を読み取って笑う場合、もう一つは、笑いの性質である攻撃性を理解した上で、意図的に攻撃的ユーモア刺激を作り出し他者を攻撃する場合である。前者は、ユーモア反応として攻撃的ユーモア刺激の笑い手となることであり、後者は、攻撃的ユーモア刺激の作り手になることを指す。たとえば、遊んだ後におもちゃで散らかった部屋の掃除をしない子どもに対して親が「本当にきれいな部屋だね。」と皮肉を言う場合、親は掃除しない子どもを非難するという攻撃的ユーモア刺激の作り手であるため、後者にあたる。一方、受け手である子どもは親が掃除しない自分を非難しているという意図を読み取った上で「ほんとにそうだね。」と言って笑えば前者にあたる。そしていずれの場合も、他者の心を理解するため、高次の信念の理解やより複雑な感情理解の発達が関連していると思われる。特に、皮肉の理解は、発話内容と現実の状態とのズレについて、他者の信念や意図を推測する心の理論の中でも二次的信念の理解が必要であり、二次的信念は早くても6歳以降でないと理解できないとされている（子安, 1999）。

以上のことから、子どもは幼児期を経て児童期以降も、認知機能の発達がさらに進むことで、言語を用いた皮肉のような攻撃的ユーモア刺激を意図的に作り出せるようになったり、より間接的な方法で相手に攻撃だと悟られにくい攻撃行動を行えるようになったりすることが推測される。近年、攻撃行動の行為者は必ずしも社会的スキルが欠如しているわけではなく、むしろ、共感性などの感情認知が高いという研究がある（畠山・畠山, 2012；Sutton,Smith & Swettenham, 1999）。また、自分自身に対する攻撃である自虐的なユーモアの表出者はむしろ、適応的で精神的に成熟した人格者の特徴をもっていることを示唆する研究もある（塚脇・樋口・深田, 2009）。したがって、他者や自分に攻撃的笑いを向ける子どもの中にも、感情理解や共感性に関する得点が高い子どもがいる可能性が考えられ、攻撃的笑いの発達を明らかにするためには、そのような子どもの個人差についても考慮し、検討していく必要があると思われる。

大学生を対象とした笑いに関する質問紙調査では（伊藤, 2012）、女性は男性に比して、笑いに対してあたたかいイメージをもっており、人をバカにする笑いを良くないと思う傾向があった。また、女性は男性よりも、笑うことが健康につながると思っている一方で、男性は「異性を笑わせたい」という欲求が女性よりも強かった。さらには、高齢期でも、笑わせる異性に対して魅力を感じるという女性の平均値は男性よりも有意に高いなど（伊藤, 2014）、笑いに対する意識に性別の差がみられている。伊藤（2012, 2014）は、笑いに対する意識にジェンダー差がみられることについて、配偶者選択や世代および結婚に関する男女間での価値観の変化などを、生物学的要因ならびに社会文化的要因から検討する必要があることを指摘している。笑いやユーモアの研究を進めるにあたっては、児童期以降ほど、性差を考慮する必要性が示唆される。

Giles & Heyman（2005）は、ジェンダーと攻撃の関係について、3歳児から5歳児の幼児と7歳児から8歳児の児童の信念を比較している。そこでは、全員が同様の信念をもっているわけではなく、個人差がみられるとしながらも、幼児も児童も女性は関係性攻撃を行いやすく、男性は身体的攻撃を行いやすいという信念をもっている傾向があり、就学前の子どもも小学校低学年にあたる子どもも、攻撃のタイプと性差について類似した組織的な信念をもっていることを示した。攻撃に対する信念について、幼児期において既に性差が見られるのであれば、幼児期において「女児は男児よりも笑う」という性差は見られないとする報告があったとしても（e.g. Sarra & Otta, 2001）、攻撃的笑いの表出については性差が見られる可能性が考えられる。

一方、8歳から13歳の児童・生徒を対象に、攻撃のタイプについての信念の一年後の変化を調査した研究では（Werner & Hill, 2010）、男児は女児よりも攻撃について肯定する傾向にはあるが、その性差は直接的攻撃への評価に限定して見られるものであり、関係性攻撃については有意な性差が見られなかっただけでなく、男女ともに関係性攻撃に対しては肯定的に評価しやすい傾向にあった。さらに、小学校から中学校へ進学すると関係性攻撃はより肯定されやすくなるという結果であった。このことから Werner & Hill（2010）は、大人がいじめ対策として直接的攻撃の予防や防止に大きな注意を払っていることが、結果として、子どもにとって関係性攻撃を肯定しやすい状況を作り出しているのではないかと考察している。関係性攻撃は、身体的攻撃と異なり直接的な攻撃形態ではないことから、周囲からも認知されにくい攻撃行動であると思われる。そこに笑いが伴えば、さらに関係性攻撃の攻撃性は認知されにくく、子どもたちにとって楽しみやすい攻撃行動として肯定されるかもしれない。攻撃行動と攻撃的笑いに関する実証的な研究を進めることで、笑いという視点から、攻撃形態の発達的変化について理解を深めることもできるのではないだろうか。

生涯を通した笑いやユーモアの発達の研究は、多くの興味深い研究の機会を提供するものの、縦断的研究が不十分であり、未だ数多くの問いが残されている（Martin, 2007/2011）。また、児童期以降の各発達段階におけるユーモア表出やユーモア理解、それに伴う笑いの表出に関する横断的研究は数多くあるが、笑いやユーモアの攻撃性に焦点を当て、その発達過程を検討する研究は少ない。本研究では、社会的笑いの発達を攻撃性の側面から考えるにあたり、次章以降、横断的な研究で明らかにしていくが、今後、縦断的研究も併せて明らかにする必要があろう。

2.4 社会的笑いの構成要素

子ども期（childhood）において、子どもたちが笑いの両面性（親和性・攻撃性）についてどのような経験をし、そこから何を学び、笑いに対していかなるイメージを形成していくのか、その過程はこれまでのところ明らかにされていない。しかし、子どもが攻撃の手段として笑いを用いるようになるには、笑いが相手を不快にさせたり傷つけたりする機能をもっていることを理解する必要がある。笑いの中に含まれる攻撃性の側面に気づき、それを相手に向けるようになっていく過程において、どのような発達的要因が関わっているのだろうか。人に向けた笑いを「社会的笑い」としたとき、これまでの論をまとめると、以下のような構成要素が関連し合っていることが推察される（Figure 2.1）。

笑いの表情に多くの表情筋がかかわっていることや、笑いやユーモアを情動や情報処理にかかわる生理学および脳神経科学の領域からアプローチする近年の研究動向は、社会的笑いの生物学的要因に関するものであると考えられる。そして、乳児期の社会的笑いの発達でみたように、笑いが他者との相互作用により社会化されていくことは社会文化的要因が大きく寄与していることであろう。

さらに、本章で述べてきたように幼児期における笑いの攻撃性への気づ

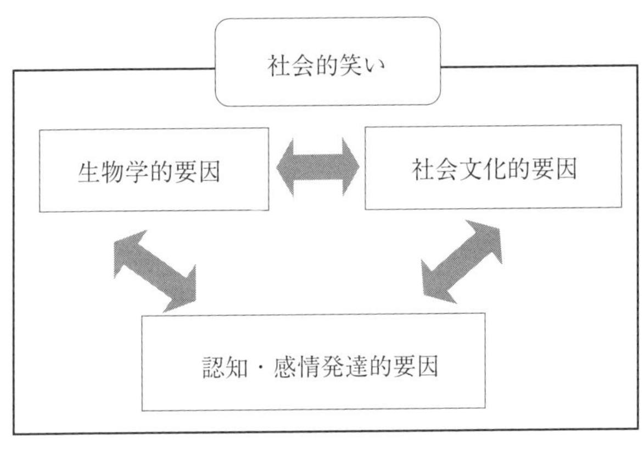

Figure 2.1 社会的笑いの構成要素（イメージ）

きが、笑われることを気にすることと関連しているのであれば、笑いの攻撃性の発達に関わる要因には、「笑われると恥ずかしい」という恥を自覚する感情発達的要因、何をおもしろいと思うかも含め、笑いに含まれる攻撃性を理解したり笑われたことを攻撃と受け止めたりする認知発達的要因、また、大人による「人に笑われる行動をしてはいけない」という教育的影響を含めた社会文化的要因が相互に関連していることが考えられる。

したがって、人に向けた笑いが表出される背景には、大きく分けて「生物学的要因」「社会文化的要因」「認知・感情発達的要因」という3つの要因が互いに影響を受けて発達することで、他者に対する親和的笑いだけでなく、他者を拒絶したり排除したりするための攻撃的笑いの表出に至ることが推測される。

本研究では、これら3つの要因すべてを明らかにすることはできないが、第Ⅱ部以降、社会的笑いを攻撃性の観点から検討するにあたり、認知・感情的要因および社会文化的要因が攻撃的笑いの発達にいかにかかわっているかを実証することを通して、笑いのポジティブな側面とネガティブな側面について考えていくことにしたい。

第Ⅱ部　幼児期における笑いの攻撃性

第3章　幼児期に見られる笑い

3.1　目的

笑いのメカニズムに関する代表的な理論として、従来から、自己の優越性を感じる時に笑う「優越理論」(優越感情理論)、期待とのずれによって笑う「ズレの理論」(不適合理論)、抑圧された心的エネルギーが放出されたことによって笑う「放出理論」という3つの理論が示されてきた（井上, 1997)。しかし、この理論からは「社交上の笑い」としての「協調の笑い」など説明できない笑いもあり（志水, 2000)、笑いを分類する際はより多元的に笑いを捉える必要がある。また、乳児の笑いを引き起こす刺激として、聴覚的要素と視覚的要素（声と顔）が主要な刺激の構成成分となっていることが分かっているが（高橋, 1995)、引き続き社会的能力の発達途上にある幼児期においても、大人に比べ複雑な認知プロセスを働かせずに笑いを表出している可能性があり、幼児の笑いを観察、分析することで比較的純粋に発生する笑いについて分類することができると考えられる。

幼児の笑いを縦断的に観察した友定（1993, 1999a）は、幼児の笑いを①からだに関わる笑い（水の感覚への喜び、食べることの楽しさ、性意識からの行動、からだの触れ合いや運動を通して見られる笑い)、②知的認識と笑い(物事が分かる、自分の思いを様々な材料を使って形にする、ごっこ遊び・お話作り・ゲームを楽しむ、予想・予測を楽しむ、期待する、おかしさを楽しむ、といったことを通して見られる笑い)、③人間関係と笑い（保育者や子ども同士といった他者への親しみ、自分を見つめることを通して見られる笑い）の3種類に分類した。この分類は笑いが発生した場面をもとに分類できるという利点がある一方で、笑いの機能と他者との関係性が重複しているものもあり、分類基準が不明瞭である。特に、幼児の笑いは基本的に人への親しみから発せられるものであることから（平井・山田, 1989)、「からだに関わる笑い」や「知的認識と笑い」にも他者との関係性が大きく関わっており、「人間関係と笑い」を別カテゴリーで考えることは難しい。

コミュニケーションとしての笑いについて井上（1984, 1994）は「協調」としての笑い（人と仲良くなるための手段で、笑うことで互いの緊張を解き、笑いを共有しあうことで親密感を深めるような相手への親和を表す笑い）と「攻撃」としての笑い（笑った方は優越感に浸り、笑われた方は敗者としてみじめな思いをしなければならない、笑いの人を攻撃する性質を利用した笑い）に分類している。しかし一方で、笑いの中には人間関係とは切り離されたところで自分自身に向ける笑いのような、直接的には社会性をもたない笑いも存在する（橋元, 1994)。よって、笑いを分類する際には、他者との関わりが見られない場面で発生する笑いも考慮に入れなければならない。

以上のことから、笑い発生の要因と他者との関係性を考慮した上で、改めて幼児の笑いを分類、整理する必要がある。本章では、保育所に所属する年少児から年長児の観察を通して得られた笑いを分析、分類し、幼児期においてどのような状況的要因のもとで笑いが生じるのかを明らかにすることを目的とする。

3.2 観察1（幼児期に見られる笑いの分類）

3.2.1 目的

幼児が日常の活動の中で見せる笑いを収集、分類し、幼児期に見られる笑いの種類を明らかにする。

3.2.2 方法

①対象児

研究の同意が得られた公立保育所の年少中児の合同クラス（以下、年少中組）および年長組に所属する幼児33名（年少中児17名：男児4名・女児13名, 年長児16名：男児4名・女児12名）で、年齢の範囲は年少中児3歳

9か月～5歳3か月（平均4歳8か月）、年長児5歳5か月～6歳4か月（平均5歳9か月）であった。なお、保護者に対しては、保育所の責任者を通じて研究目的を伝え、研究への協力を依頼した。すべてのデータを匿名で処理すること、研究への協力はいつでも中止できることを書面にて通知していただき、質問等がある場合の連絡先は保育所の責任者にお願いした。

②観察期間

2003年7月に3日間予備観察を行った後、2003年8月に、年少中組および年長組において、各クラス5日間の本観察を実施した。登園からさようならのあいさつをするまでの8時30分～15時30分のうち、給食中と午睡時間は除いて観察を行った。各5日間における年少中組の総観察時間は16.32時間、年長組は19.65時間であった。

③手続き

年少中組および年長組について、観察者1名（筆者）が記録用紙を用い、直接観察により記録した。観察する際は、日常の保育において幼児の自然に生起する笑いを記録することに努め、こちらから積極的に話しかけたり遊びに参加したりせず、幼児に話しかけられた時と幼児が危険に直面した時にだけ介入する立場をとった。

笑いの生じる文脈を理解するため、幼児が活動している空間（保育室・遊戯室・園庭・プールなど）を6つの区画に分け、各区画にいる幼児を一定時間（5～10分）、表情が見える位置（約1～3mの範囲内）に立ち、観察を行った。笑いは口角が後方または上方へ引き、上唇が引き上げられ下眼輪筋が収縮する表情であるが（Darwin,1872）、笑顔が顔にあらわれている時間は0.6秒～4.0秒の間の短い時間であるため（工藤,1999）、一瞬見せる微笑については、それが「笑い」と見なせるのかどうか難しかった。よって、口角が上がり、それに伴って目元が細くなる表情がはっきりと表れている場合を笑いの表情とすることを基本とした。また、有声の笑いについては、笑いの表情に短く断続的な声が伴った場合だけでなく、笑いの表情が見られなくても声のみで笑いを表現することもあるため、どのような表情のもとで短く断続的な声や擬音語としての笑い声（アハハ、キャハハなど）が表れたかを記述した。

一定時間（5～10分）が経過したら、次の区画に移ることを基本とし、笑いのエピソードが終了しない場合は、終了するまで観察を行った。エピソードの開始は観察を行っている場の幼児が笑いを見せた時とし、エピソードの終了は笑っていた当事者から笑いがなくなった時、および笑いに付随した行動を止めた時とした。記述する際は、笑いが起こった状況とその笑いに対する周囲の反応に重点をおいて記述し、笑いがどのように用いられているのかを明確にできるようにした。なお、「笑い」という表記については、ここでは声を伴うもの、伴わないものを合わせて「笑い」とし、記録用紙に記入した観察データは、その日のうちにフィールドノートに文章化してまとめた。

④分析

笑いの事例数（笑いの回数）は、笑いの発生から消失までの1エピソードにおける個々の笑いについて、行為者につき1事例とした（例：A子とB子が笑い合った場合、A子およびB子各1事例、計2事例）。同一のエピソードにおける笑いでも、直前の笑いとは異なる相手および異なる刺激に対して笑った場合は、それぞれ1事例とした（例：A子がB子に笑って話をしている中で、隣にいたC子に笑いかけた場合は、A子についてB子およびC子への笑いの計2事例）。

3.2.3　結果

各5日間の観察において見られた笑いのエピソード数は年少中児群で325、年長児群で313であった。また、各エピソードにおいて見られた笑いの事例数をカウントした結果、笑いの総数は年少中児群676事例、年長児群987事例で、計1663事例であった。

各エピソードで見られた一つ一つの笑いについて、その笑いがどのような他者関係のもとで発生しているか、また笑いのきっかけとなった刺激は何であるかを、関係性と刺激要素に基づき検討した。まず、得られたエピソードについて、筆者が笑いの発生した際の関係性を「他者の存在あり」「他者の存在なし」に分類した後、「他者の存在あり」のエピソードにおける関係性を「親和的・受容的関係」「非親和的・非受容的関係」に、「他者の存在なし」のエピソードを「孤立的関係」に分類した。笑いを引き起こした刺激要素については、友定（1993, 1999a）の「からだに関わる笑い」（水の感覚への喜び、食べることの楽しさ、性意識からの行動、からだの触れ合いや運動を通して見られる笑い）、「知的認識と笑い」（物事が分かる、自分の思いを様々な材料を使って形にする、ごっこ遊び・お話作り・ゲームを楽しむ、予想・予測を楽しむ、期待する、おかしさを楽しむ、といったことを通して見られる笑い）を参考に分類した。次に、分類したエピソードについて、独立した評定者1名が読み、友定（1993, 1999a）の「からだに関わる笑い」のうち他者の存在はあるが、目を合わせる・言葉を交わすなどのやり取りがないものを「感覚・運動」に、コミュニケーションとしてのやり取りがあるものを「言語・認知」に、どちらも同時にみられるものを「感覚運動・言語認知」に分けた。最後に、筆者を含めた評定者2名で「関係性」と「刺激要素」の定義を確認し、筆者がその定義に基づいて分類した後、別の1名の評定者がTable3.1の表に基づき確認した。

その結果、関係性と刺激要素について以下の通り、それぞれ3種類ずつ分類することができ、9種類に分けられた。笑いの分類の代表例、および事例数をTable3.1に示す。

①関係性

(a) 親和的・受容的関係

他者のもとで発生する笑いのうち、笑いを向けた他者に対して親しみを表す笑いであるとともに、その笑いの発生する文脈において互いに笑いを共有できる関係。

Table3.1　笑いの分類と代表例および事例数（下線は刺激要素）

種類	関係性	刺激要素	代表例
1	親和的・受容的関係（1560 事例，93.80％）	感覚・運動（398 事例）	・他者とにこにこ笑いながら追いかけっこをする。 ・他者ににこにこ笑いながら抱きつき、じゃれ合う。 ・くすぐられて声を上げて笑う。
2		言語・認知（958 事例）	・笑顔で話しかける／笑顔で会話する。 ・他者の笑顔を見て自分も笑顔になる。 ・保育士に「わかった！」「できた！」と笑顔で伝える。
3		感覚運動・言語認知（204 事例）	・にこにこ笑って他者を見ながら踊り続ける。 ・他者の発言に対し、にこにこ笑いながらその他者にくっついていく。
4	非親和的・非受容的関係（42 事例，2.52％）	感覚・運動（9 事例）	・いくら相手が押し返しても構わず笑顔でじゃれていく。 ・泣いている子を笑顔で抱きしめる。
5		言語・認知（30 事例）	・強い口調で反論されたのに対し、笑って離れていく。 ・自分と意見が合わない子を笑って冷やかす。
6		感覚運動・言語認知（3 事例）	・強い口調で責められ蹴られても何も言わず笑っている。 ・他者が嫌がる言動を、にこにこ笑いながら追いかけ、言い続ける。
7	孤立的関係（61 事例，3.66％）	感覚・運動（34 事例）	・にこにこ笑いながら一人でトランポリンを跳んでいる。 ・一人で水槽の水を触って笑っている。
8		言語・認知（23 事例）	・自分の描き上げた絵を見てにこにこ笑う。 ・一人でにこにこ笑いながら歌っている。
9		感覚運動・言語認知（4 事例）	・一人でにこにこ笑って「きゃー」と叫びながら走り回る。

(b) 非親和的・非受容的関係

他者のもとで発生する笑いのうち、笑いを向けた他者に対してその笑いの発生する文脈が互いに笑いを共有できない関係。攻撃的笑いが発生する関係だけでなく、たとえ相手に親しみの笑いを向けているとしても、笑いが発生した状況において笑った側と笑いを向けた相手との間に友好的な関係がなかった場合も含む。

(c) 孤立的関係

自己に向けた笑いで、人間関係とは切り離された状況。ここでは、観察手続きに基づき、笑いが発生する直前に他者との関係が見られない場合とした。

②刺激要素

(a) 感覚・運動刺激

主として身体刺激。他者と言葉でのやりとりがなかったり、視線を合わせたりすることなく笑いが生じた場合の刺激。目や耳を閉じていても知覚できる皮膚感覚、深部感覚といった身体（体性）感覚に関する刺激、および運動そのものを楽しむことで生じる笑いの刺激。

(b) 言語・認知刺激

主として視覚的および聴覚的刺激。アイコンタクトがある中での言葉のやりとり、言葉によるユーモアなどの言語刺激や、既得の情報や過去経験に基づいて状況を処理する中で笑いが生じる場合の内的認知的体験（例：理解、判断、発見、期待など)。

(c) 感覚運動・言語認知刺激

(a) と (b) の要因が重複した刺激（例：にこにこ笑って他者（(b) 言語・認知刺激）を見ながら踊り続ける（(a) 感覚・運動刺激))。

以上のことから、幼児に見られる笑いは、関係性と刺激要素の組み合わせにより、関係性３要因×刺激要素３要因の計９種類に分類することができた。事例数では、親和的・受容的関係が９割以上を占めており、特に言語・認知刺激に対して笑うことが多かった。

3.2.4　考察

幼児が日常の保育活動の中で見せる笑いを分類した結果、年少児から年長児が笑いを発生する人間関係について、親和的・受容的関係、非親和的・非受容的関係および孤立的関係の３種類の関係性が示された。また、笑いのきっかけとなった刺激要素については、感覚・運動刺激、言語・認知刺激および感覚運動・言語認知刺激の３種類の刺激要素が示された。この分類法では、笑いの表出（笑い反応）のきっかけとなった刺激要素と他者の関係性という観点から、状況的要因に基づいて笑いを分類することができるという利点がある。

微笑は、乳児期からすでに養育者との間でなされる社会的相互交渉において相互に親愛の気持ちを伝え合う手段として重要な位置を占めている（高橋, 1992）。幼児が見せる笑いは、他者との親和的・受容的関係の下で笑うことが多く、特に、言語・認知刺激に対して笑いを示していた。幼児期においても、笑うことで他者とのコミュニケーションにおいて、親しみを表すことが多いと言える。

ただし、幼児の笑いを関係性という他者の存在の有無を基準に分類した結果、幼児が他者のもとで見せる笑いは必ずしも他者と向き合った状況の中で発生しているわけではないことも明らかになった。つまり、幼児では、「顔らしさ」という視覚的情報が大きな要因となっていた乳児の笑いよりも（高橋, 1995）、仲間や保育者の存在という他者との空間的共有において体を動かすことが笑いを引き起こすように、笑いの発生する刺激要因が広がっていることが示唆される。

3.3　観察 2（笑いの頻度差による笑いの種類の検討）

3.3.1　目的

観察 1 による幼児の笑いの 9 種類の分類基準に従って、笑いの多い幼児および少ない幼児において発生する笑いの種類に差が見られるのかを明らかにする。

3.3.2　方法

①対象児

観察 1 で得られた全ての笑いの事例について、幼児 1 人につき 1 事例としてカウントし、笑いが多く見られた幼児（笑い高頻度児）および、笑いが少なかった幼児（笑い低頻度児）を年少中児群、年長児群から各 1 名選出した。選んだ幼児について、観察 1 で見られた笑いの事例数を Table3.2 に示す。笑いが多く見られた幼児と笑いがあまり見られなかった幼児が、どのような場面で笑いを見せるのかを比較するため、各幼児の行動をそれぞれ 1 日追跡した。

②観察時間

自由遊び時間と集団活動時間に観察された笑いを分けて分類することで、それぞれの時間で見られる笑いの違いについて検討した。ここで、自由遊び時間とは、幼児が遊び相手・内容を自由に決めることができるような、保育士の統制が比較的弱い時間とし、決められた活動であってもその中に異なる複数の遊びが存在することが許されている時間（例：プール活動中に遊具を使って遊ぶかどうかを幼児が自由に決められる）も含めた。一

Table3.2　笑い高頻度児および低頻度児の全体観察（観察 1）で見られた笑いの事例数

笑い高頻度群（笑い多児）		笑い低頻度群（笑い少児）	
年少中児	年長児	年少中児	年長児
女児（5 歳 3 か月）	女児（6 歳 3 か月）	女児（4 歳 8 か月）	女児（5 歳 9 か月）
89	94	11	23

方、集団活動時間は、明確な目的・目標があり、その活動を行わなければ他の活動を行うことが許されないという、統制された活動を第一目的とする時間とし、定められた活動を早く終了した子どもが、他の子どもがその活動を完遂するまで待っていなければならない間の行動もこの時間に含めた。具体的な集団活動は、私物整理、お片づけ、保育士による絵本・紙芝居の読み聞かせ、保育士主導の音楽およびスポーツ活動などであった。

1日の観察時間は平均3.98時間（レンジ3.68～4.40時間，SD 0.35）であり、そのうち自由遊び時間は平均1.18時間（レンジ0.87～1.48時間，SD 0.30）、集団活動時間は平均2.80時間（レンジ2.20～3.53時間，SD 0.55）であった。

③手続き

それぞれの対象児の行動を1日追跡し、笑いが生じた文脈を中心に、いつ、どこで、誰に対して、どのような場面で笑いが見られたのか、また、その笑いに対する相手や周囲の反応とその後の行動について、具体的に記述した。

④分析

観察された各エピソードに含まれる一つ一つの笑いを、観察1で得られた分類基準にしたがって関係性3種類×刺激要素3種類の計9種類に分類した。まず、筆者が全てのエピソードの笑いを分類し、その後、独立した評定者1名と一つ一つのエピソードを確認しながら、整理した。

笑いの事例数（笑いの回数）に関しては、笑いの発生から消失までのエピソードに見られる個々の笑いについて、行為者につき1事例とし、同じエピソードの中でも、直前に行った笑いとは異なる相手に向けた場合や、同一の相手に向けた笑いであったとしても異なる種類の笑いが用いられた場合は、それぞれの種類につき1事例とした（例：A子がにこにこ笑いながらB子と追いかけっこをし（親和的・受容的関係－感覚・運動刺激）、立ち止まってB子に笑顔で話し掛け（親和的・受容的関係－言語・認知刺激）さらに

C男に対しても笑顔で話し掛けた（親和的・受容的関係－言語・認知刺激）場合、A子が見せた笑いについて、親和的・受容的関係における笑い3事例のうち、感覚・運動刺激1事例、言語・認知刺激2事例）。

3.3.3　結果

①笑いの生じる関係性

Figure3.1～3.2は、自由遊び時間および集団活動時間における、各幼児の1時間あたりの平均値を、親和的・受容的関係、非親和的・非受容的関係、孤立的関係について示したものである。

1時間あたりの平均値は、それぞれの幼児について、1日の観察時間の中で観察された子どもの笑いの回数をカウントし、自由遊び時間および集

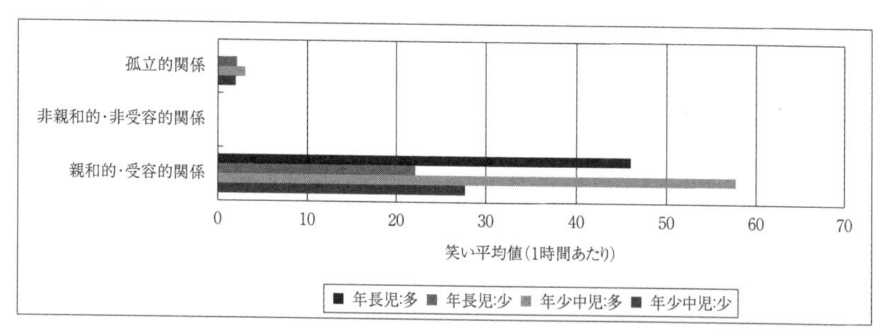

Figure 3.1　関係性における笑いの事例数の1時間あたりの平均値（自由遊び時間）

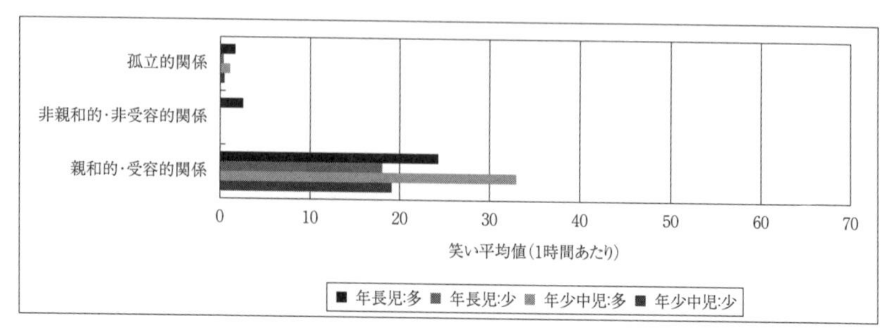

Figure 3.2　関係性における笑いの事例数の1時間あたりの平均値（集団活動時間）

団活動時間における1時間当たりの笑いの数を算出した。その結果、笑いの多い幼児、少ない幼児ともに、自由遊び時間および集団活動時間において、親和的・受容的関係において笑いが発生することが多く、その数は、自由遊び時間の方が集団活動時間よりも多かった。また、親和的・受容的関係のもとで笑いが、自由遊び時間平均94.8%、集団活動時間平均94.6%であり、約95%が他者と笑いを共有できる状況において発生していた（自由遊び時間：年少中児の高頻度児94.9%、低頻度児93.2%、年長児の高頻度児100%、低頻度児91.2%，集団活動時間：年少中児の高頻度児96.8%、低頻度児97.7%、年長児の高頻度児86.0%、低頻度児98.0%）。

一方、非親和的・非受容的関係のもとでの笑いは、年長児の笑い高頻度児のみ、集団活動時間において観察された。さらに、孤立的関係における笑いは、年長児の笑い高頻度児のみ、自由時間よりも集団活動時間の方で多く見られた。

② 笑いの生じる関係性と刺激

Figure3.3 ～ 3.4は、親和的・受容的関係、非親和的・非受容的関係、孤立的関係の3つの関係性それぞれにおける刺激要素について、自由遊び時間および集団活動時間における、各幼児の1時間あたりに観察された笑いの平均値を示したものである。

1時間あたりの平均値は、それぞれの幼児について、1日の観察時間の中で観察された子どもの笑いの回数をカウントし、自由遊び時間および集団活動時間における1時間当たりの笑いの数を算出した。その結果、親和的・受容的関係のもとで見られた笑いの種類について、自由遊び時間および集団活動時間において、感覚・運動、言語・認知、感覚運動・言語認知の3つの刺激要素に関わる笑いが4人の幼児全員に見られた。とりわけ、どの幼児においても言語・認知刺激に関わる笑いが多かった。

一方、非親和的・非受容的関係および孤立的関係における笑いにおいては、笑いが多い幼児ほど、多くの状況で笑いを発していた。つまり、笑い高頻度群の年少中児では、孤立的関係のもとで3つの刺激要素に関わる3

種類の笑いが見られ、年長児では、非親和的・非受容的関係における言語・認知および感覚運動・言語認知に関わる笑い、孤立的関係における言語・認知および感覚運動・言語認知に関わる笑いの4種類の笑いが見られ

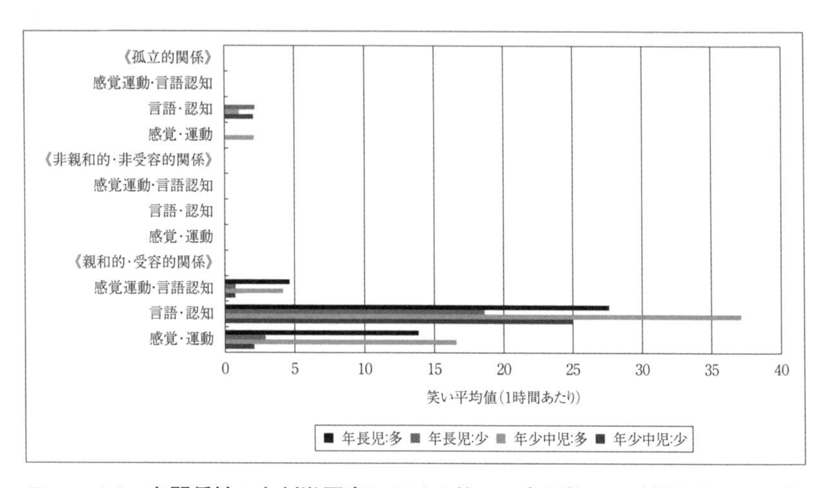

Figure 3.3　各関係性＋各刺激要素における笑いの事例数の1時間あたりの平均値（自由遊び時間）

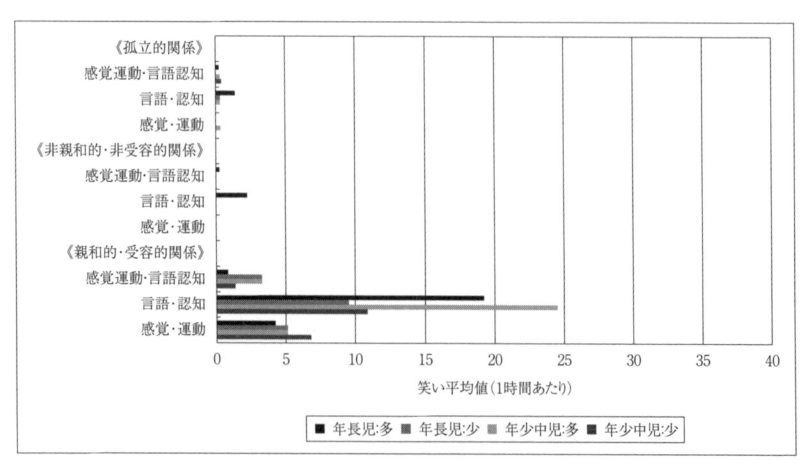

Figure 3.4　各関係性＋各刺激要素における笑いの事例数の1時間あたりの平均値（集団活動時間）

た。それに対し、笑い低頻度群においては、孤立的関係のもとでの笑いのうち、年少中児では言語・認知および感覚運動・言語認知に関わる笑いの2種類の笑いが見られ、年長児では言語・認知に関わる笑いのみ見られた。

3.3.4　考察

幼児が一日の活動の中で発する笑いは、笑い高頻度群、低頻度群ともに約9割以上が親和的・受容的関係のもとでの笑いであった。このことは、幼児の笑いのほとんど（およそ95%）が他者との親和的・受容的関係のもとで発生し、笑いが少ない幼児だからといって人間関係から切り離された状況で笑っているわけではないことを示している。また、自由遊び時間において笑いがより多く発生し、非親和的・非受容的関係のもとでの笑いが見られなかったことは、遊びの内容や遊び仲間を幼児が主体的に決められる環境の中では、自分と気の合う仲間と遊びたい遊びを行うことができるため、幼児が親和的・受容的関係のもとでの笑いを多く発したと思われる。

ただし、遊び場面においては、幼児が楽しそうに笑っているからといって本当にその遊びを楽しんでいるとは一概に言えず（岡林,1997）、笑いの少ない幼児は自分の遊びに集中している時間が長く、その遊びを他者と共有したいと思った時に笑いを見せていることも考えられる。よって、笑いが少ないことそのものを問題視するのではなく、笑いが少ないと思われる幼児がどのような場面で笑っているのかを把握すること、そして、笑いを見せた時には、保育にかかわる大人（保育者、養育者）が適切に受け止めることが大切であると思われる。さらに、刺激要素に基づいた分類により、笑い高頻度児群は笑いの種類も多かったことから、笑いが多い幼児ほど様々な場面で様々な状況に対して笑う傾向も示唆された。

3.4　総合考察

観察1より、幼児が日常の保育活動の中で見せる笑いを観察することを通して、幼児期に見られる笑いを3つの関係性（親和的・受容的関係、非親和的・非受容的関係、孤立的関係）および3つの刺激要素（感覚・運動、言語・認知、感覚運動・言語認知）の組み合わせより、計9種類の笑いに分類することができた。この分類は、幼児が笑いを発する状況を基準にしているため、関係性と刺激要素を軸に客観的に幼児の笑いを分類することができ、特に幼児は他者との親和的・受容的関係の中で笑いを多く示すことが明らかになった。

観察2からは、笑いの多い幼児ほど様々な状況で笑うことが示された一方で、笑いの頻度の個人差に関係なく、一日で見せる笑いが多い幼児であっても少ない幼児であっても約9割以上、平均にして約95%が他者との親和的・受容的関係のもとで笑いであることが分かった。その中でも、言語・認知刺激の笑いが多かったことから、幼児は特に他者との親和的関係のもとでのコミュニケーションの手段として笑いを用いており、幼児の笑いは基本的に人への親しみから発せられるものである（平井・山田, 1989）ことを支持する結果となった。

しかしながら、この分類からは、笑いのもつ親和性および攻撃性まで判断することができない。実際、観察されたエピソードの中には、笑いを直接向けた相手には親しみを示しているが、傍にいたもう一人の幼児には笑いを向けないことで、無視という攻撃行動を“笑いの非共有”という行動で示すような、親和的・受容的関係のもとで起きた笑いが、笑いを向けていない相手への間接的な攻撃行動となる事例が見られた。逆に、笑いを向けた相手が嫌がっている場合でも、迷惑がる相手に自分に向いて欲しいという思いから笑いかけ続けたり、笑える状況にない相手に対して笑いを向けて慰めたり、緊迫状況を笑い飛ばして切り抜けたりといった事例も見られ、非親和的・非受容的関係のもとで発生する笑いが直ちに攻撃性と結びつくとは言えないエピソードも観察された。このことは、笑いの質的分析の必要性を示唆しているだけでなく、幼児に見られる笑いをすべて親和性のあるものとして一括してはならないことを意味している。幼児期においてすでにいじめの性質を持った行動が見られると指摘されていることからも（畠山・山崎,2003）、幼児の攻撃的笑いが特定の幼児に向けられている場合、その対応が遅れれば、幼児期におけるいじめの行動を助長させてしまうことにもなりかねない。

したがって、笑いを通して幼児の行動を理解し、幼児教育・保育に生かすためには、本研究における分類に加え、その笑いが見られたエピソードを分析することが重要であり、今後は、幼児の笑いの発生状況要因に加え、その笑いが他者へ与える影響を含めたエピソードまでを包括できる客観的な笑いの分類法を検討することが必要である。

【付記】 本章は、伊藤理絵・本多薫・佐竹真次（2007）『幼児に見られる笑いの分類学的研究』（笑い学研究 14, pp.40-50）に加筆、修正を加えたものです。

第4章　幼児期に見られる攻撃的笑い

前章では、主として幼児期後期に見られる笑い全般を観察し、分類した。幼児は笑いの頻度の個人差にかかわらず、他者との親和的・受容的関係のもとで笑いを表出することが確認された。しかし、観察されたエピソードを質的に見てみると、親和的・受容的関係のもとで起きた笑いが、笑いを向けていない相手への間接的な攻撃行動となる場合があった。このことは、笑いの質的分析の必要性を示唆しているだけでなく、幼児に見られる笑いをすべて親和性のあるものとして一括してはならないことを意味しているが、従来、幼児の笑いについては、どちらかというとポジティブな動機づけが強調される傾向にあり、その攻撃的意図については否定的に述べられることがある（eg. 原坂, 1997; 平井・山田, 1989; 氏家, 2010）。幼児の笑いには悪意がないという前提が強いためか、笑いのもつ二つの性質（親和性・攻撃性）の両面から幼児の笑いの発達過程を捉えようとする研究が進んでいるとは言い難い。特に、幼児に見られる嘲笑のような笑いの攻撃性の発達について、その発達過程を実証的に明らかにする研究はほとんどなされていない。

友定（1993）による6年間の縦断的な観察では、幼児期後期において嘲笑のような笑いが出てくることが指摘されている。しかし、年少児から年長児を対象とした前章の観察研究では、幼児が攻撃を意図して笑ったと明確に示された笑いの事例は見られなかった。友定（1993）が対象とした幼児の笑いは、一般化できない現象であったのだろうか。やはり、幼児期の子どもたちには、攻撃を意図した笑いは見られないのだろうか。

第3章の観察1および観察2において、幼児の笑いを関係性と刺激要素に分類することで、幼児が笑いを表出する上で他者の存在が重要であることが明らかにされた。また、親和的・受容的関係のもとでの「言語・認知」刺激要素の笑いが多かったことから、笑いがコミュニケーションにおいて親和的に機能していた。しかし、前章の観察方法は、観察場所を区切り、そこで幼児が笑い（微笑）を示したときに記録するという方法であり、笑いが生じた前後の文脈を適切に取り出せていたか疑問が残る。笑いが生じた瞬間の状況だけを見て、子どもの笑いをポジティブに解釈した可能性も考えられ、幼児の笑いの意図を探るほどの情報を得ることができていなかったと思われる。

本章では、以上の観察方法の問題を解消した上で幼児の笑いを親和性と攻撃性の両面から明らかにするため、前章で多く見られた親和的な笑いではなく、攻撃的な笑いに焦点を当てる。観察 3 では、攻撃行動に伴う笑いを「攻撃的笑い」と定義し、幼児の攻撃的笑いがどのような攻撃行動とともに見られるか、主として攻撃行動の形態とその頻度を明らかにする。観察 4 では、攻撃的笑いを質的に検討することで、幼児の笑いのエピソードを攻撃性の観点から考えていく。

4.1　観察 3（攻撃行動に伴う幼児の笑い）

4.1.1　目的

幼児の笑いは基本的に人への親しみから発せられるものである（平井・山田, 1989)。一方で、乳児が養育者とのやり取りを通して発達させていく笑いは、次第に他者へも向けられるようになっていくにつれ、親しみだけでなく、攻撃的意味も持ち合わせるようになってくる。つまり、コミュニケーションとしての笑いには、人と仲良くなるための手段を意味する、笑うことで互いの緊張を解き、笑いを共有しあうことで親密感を深めるような相手への「親和」を表す“「協調」としての笑い”と、笑った方が勝利を手にすることで優越感に浸り、笑われた方が敗者となってみじめな思いをしなければならない、という笑いの人を攻撃する性質を利用した“「攻撃」としての笑い”があるのである（井上, 1984)。

攻撃的笑いの一種である嘲笑の出現について、友定（1993）によると、3歳児（年少児：4月時点で3歳）になると集団の規範からのずれを理解し、笑われることを気にし始め、4歳児（年中児：4月時点で4歳）ではその笑いを他者へも向けるようになり、人を笑う、自分よりも劣ったものを笑うという嘲笑行為が出てくる。そして、5歳児（年長児：4月時点で5歳）の終わり頃になると、「笑ってはいけない」と自らコントロールするようになるということを幼児の笑いの縦断的な観察により明らかにしている。

しかし、幼児期における攻撃的笑いの発達過程については、これまでの研究から十分に検討されているとは言い難い。それは、幼児の笑いに関しては、友だちや保育者に悪口を言ったり、相手が嫌がることをしたりするような幼児でも、そのからかい行動に悪意は存在せず、むしろ、親しい者に対して、あるいは、親しくなりたいと望む相手に対して行うことが多い（平井・山田, 1989）と言われるように、幼児の笑いをポジティブに捉えようとする傾向が、背景の一つにあると思われる。

よって、本研究では、攻撃の意図を明確にするために、攻撃行動とともに表出される幼児の笑いを調べることで、幼児に多いとされてきた親和的笑いとは質的に異なる笑いを収集することを目的とする。「幼児の攻撃行動に伴う笑い」を「攻撃的笑い」と定義し、自然発生的に生じる攻撃行動や攻撃的笑いの観察を通して検討する。

4.1.2　方法

対象児は、友定（1993）が4歳児になると、笑われる不愉快さを他者に向けるという嘲笑行為が見られるようになると指摘していることから、4歳の幼児が含まれる年少児以上の幼児とした。協力園で同意が得られた44名（年少児7名, 年中児17名, 年長児20名）について、2014年12月～2015年3月の期間で予備観察を4回行った後、1か月にわたって本観察を5回実施した。観察時間は30.6時間（年少児3.3時間，年中児8.9時間，年長児18.4時間）であった。なお、ご協力いただいた保育所とは、すべてのデータを匿名で処理すること、得られたデータは研究に必要がなくなった時点で破棄すること、ビデオによるデータは学会等でも公開しないこと、研究への協力はいつでも中止できることを確認し、同意を得た。保護者に対しては、保育所の責任者を通じて研究目的とデータの取り扱いについて伝えていただき、保護者からの質問等がある場合の連絡先は保育所の責任者とした上で、研究への協力を依頼した。

観察方法は、幼児の攻撃行動を観察した先行研究（畠山・山崎, 2002）を参考に、観察標的児1名を一定時間（約15～20分間）観察した。一定時間が経過したら次の標的児に移ることを基本とし、観察期間内に一人当たりの観察標的児になる回数が同じになるように努めた。攻撃行動については、時間軸に沿って、攻撃行動が起こった前後の文脈、相手の反応や周囲の反応、それを受けての行為者のその後の行動について、具体的に記述した。観察の際は、なるべく普段の保育の文脈を壊さないようにすることに努め、こちらから積極的に話しかけたり遊びに参加したりはせず、子どもに話しかけられた時と、子どもが危険に直面した時にだけ介入する立場をとった。

攻撃的笑いについて分析するため、攻撃行動に伴う笑いの有無も記録した。攻撃行動の分類は、畠山・山崎（2002）に従い、①直接的－道具的攻撃（欲しい物を手に入れるため、また、自己主張する場合に用いられる身体的・言語的攻撃）、②直接的－脅し攻撃（仲間を支配したり威圧したりするために用いられる、身体的・言語的攻撃）、③関係性攻撃（相手との関係を絶つため、間接的な方法（無視等）を用いて相手を傷つける）とした。

事例数は、攻撃行動の発生から停止・消失までを行為者につき1事例とし、観察者（筆者）と評定者1名により分類した。観察方法は予備観察と本観察で、基本的に同じであるが、予備観察で得たデータを攻撃行動に伴う笑いを「攻撃的笑い」と見なすことの妥当性について、攻撃行動の定義の見直しも含めて筆者と評定者1名で検討し、定義の確認した後、本観察を行った。

本観察で得られた全ての事例について、筆者と評定者1名がそれぞれ独立に分類したところ、攻撃的笑いか否かについては99.2％、3種類の攻撃行動（「直接的－道具的攻撃」「直接的－脅し攻撃」「関係性攻撃」）については96.6％一致した。不一致のあったものについては、2名で協議した上で決定した。

4.1.3 結果

直接的－道具的攻撃、直接的－脅し攻撃および関係性攻撃について、笑いの有無に従い分類し、攻撃総数における割合を算出した（Table4.1）。

直接的－道具的攻撃に伴う笑いは見られず、直接的－脅し攻撃、および関係性攻撃において笑いが見られた。直接的－脅し攻撃よりも関係性攻撃に伴う笑いが多く見られたが、全体として、攻撃的笑いが発生したのは、攻撃行動の9.68％だった。

攻撃的笑いの各事例を分析した結果、直接的－脅し攻撃に伴う笑いは、劣勢の相手を仲間と笑い合う（2名，エピソード4.1.1）、自分の攻撃行動を肯定するために笑う（1名，エピソード4.1.2）場合に、関係性攻撃に伴う笑いは、相手の劣った行動を仲間と笑い合う（2名）、相手の悪口を言い仲間と笑い合う（2名）、仲間に相手の排除を笑って求める（1名）、少数派を陰で笑う（1名）場合に認められた。

直接的－脅し攻撃における攻撃的笑いのうち、劣勢の相手を仲間と笑い合う事例（エピソード4.1.1）では、笑われた幼児が保育士に助けを求め、保育士の介入により攻撃行動が制止され、その後、笑った側と笑われた側の幼児が一緒に遊んでいた。また、関係性攻撃において、相手の悪口を言い仲間と笑い合う事例は、5名の幼児が同意のもとで特定の相手（1名）

Table4. 1　攻撃行動と笑い（発生数）

	笑い		
	有	無	計
直接的 - 道具的攻撃	0(0.00%)	37(39.78%)	37(39.78%)
直接的 - 脅し攻撃	3(3.23%)	40(43.01%)	43(46.24%)
関係性攻撃	6(6.45%)	7(7.53%)	13(13.98%)
合計	9(9.68%)	84(90.32%)	93(100.00%)

を無視する状況の中で見られた。

〔エピソード 4.1.1〕

園庭で雪遊びをしている。さとし（5歳10か月）、なおと（5歳10か月）、こうた（5歳9か月）、しんすけ（5歳1か月）、保育者の5人が、さとし・こうた対なおと・しんすけ・保育者に分かれて雪合戦をしていた。しかし、保育者としんすけが離れると、さとし・こうた対なおとの2対1になり、なおとへの雪の投げ方がどんどん激しくなっていく。なおとは嫌がって2人から逃げていくが、2人は一方的に雪を投げ続ける。なおとが泣いてしまい、保育者が2人を制止する。なおとが落ち着くと、保育者は相手が嫌がることをしてはいけないことを話し、2人が納得したのを見て離れる。

しかし、保育者が離れると、さとしは、再び、なおとに雪を投げつける。なおとは泣き顔で、さとしから逃げていくが、さとしは「ほら、ぶつけてみろよ！」と挑発するような言葉をかけながら、なおとを追いかける。なおとがスコップを手に取ると、さとしは「ほら、やってみろ！」とさらに挑発するような言葉をかける。なおとは、さらに泣きそうな顔で逃げる。そこへ、りょうへい（5歳8か月）がやってくる。さとしは「なおと君を倒すの」と言い、りょうへいもなおとを倒すのに加わる。りょうへいは、なおとがスコップを持っていることに気付き「なおと君、ずるいよ」と言うが、さとしは「いいのいいの！俺、そんなのに負けないから！」と言い、なおとに向かって「ほら、やってみろ！」と言いながら雪をぶつける。なおとは嫌がって逃げるが、さとしとりょうへいはなおとを追いかける。なおとが、座り込んでしまうと、さとしとりょうへいもなおとの傍に座る。すると、りょうへいが、にこにこ笑いながらなおとの帽子に雪を入れ、それを見たさとしが、雪の入った帽子をにこにこ笑いながらなおとの頭にかぶせ、ハハハと2人で高らかに声を上げて笑う。

〔エピソード 4.1.2〕

まき（6歳1か月）、りさ（6歳4か月）、せいこ（6歳7か月）、ちとせ（6歳7か月）、あい（6歳2か月）が使っていた衝立を、あきら（6歳10か月）が勝手に持っていたらしい。5人の女児は、あきらに奪われた衝立を取り返しに行く。あきらは、衝立を取られると「あとで、ぶっ殺すからなー！」と言う。それを聞いたまきが「あとでぶっ殺すって……」と言い、じっとあきらを見る。あきらは笑いながら「あー、いい考えだ」と勝ち誇ったように言う。

4.1.4 考察

本研究の目的は、幼児期における攻撃的笑いを明らかにするため、幼児の自然発生的な攻撃行動と笑いについて観察に基づいて検討することであった。

直接的－道具的攻撃において笑いが見られないのは、幼児が物や場所を獲得したり、自己主張する場合において笑う場合は、相手へ親和性を示すことになるためであると考えられる。例えば、「貸して。」「お願い。」という言葉を笑顔を伴うことで示すことで、物や場所の獲得や自己主張場面が友好的に処理されるなど、攻撃性を表さない手段として笑いが用いられていることが示唆される。

直接的－脅し攻撃および関係性攻撃において笑いが見られることから、幼児が攻撃的笑いをする場合は、相手を支配・威圧したり、間接的に相手を攻撃したりするために笑いを用いていると言える。具体的には、自分の攻撃行動を肯定したり、優越感を誇示したりするために笑いが見られたことから、笑いにより、自分の優位性や正当性を示していると考えられる。また、関係性攻撃に伴う笑いが多いことから、攻撃的笑いは見えにくい形で発生することが分かった。攻撃行動における笑いの割合が9.68%であることから、攻撃的笑いは、頻度においても、形態においても、“見えにくい”ということが言える。

また、直接的－脅し攻撃に伴う笑いであっても、エピソード4.1.2のように個人による単独での攻撃的笑いは、笑う相手を劣勢に立たせ、自分が

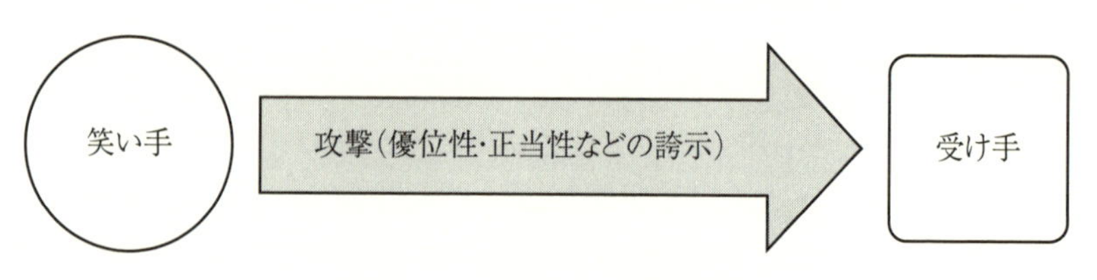

Figure4.1　単独での攻撃的笑い

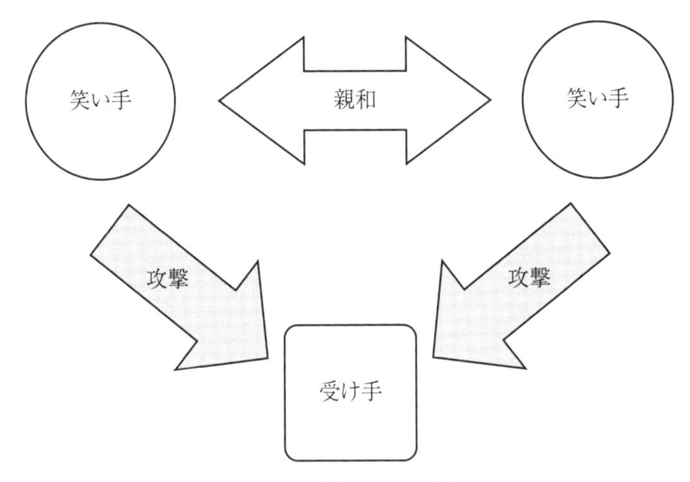

Figure4.2　仲間との攻撃的笑い

優位になる性質のみを表していた（Figure4.1）。

しかし、エピソード4.1.1のように仲間と攻撃的笑いを共有する場合は、仲間とは親密性を表す一方で、笑いの相手には攻撃性を示しており、一つの笑いに、親和性と攻撃性という笑いの2つの性質が含まれる構造となっていた（Figure4.2）。

この笑いは、行動としては、仲間と仲良く笑っているように見えるため、笑い発生の文脈を知らない第三者には攻撃的笑いだと気づかれにくい笑いであると考えられる。幼児期における攻撃的笑いが、すなわちいじめになるといった、いじめとの即時的なつながりは考えにくいが、いじめは見えにくい性質を持っており、発見するのが難しく、その理由の一つに加害者と被害者の「意識のずれ」が挙げられている（伊藤, 1998）。劣勢の相手を仲間と笑い合ったり、仲間と悪口を言って笑い合っていた事例があったが、笑われた幼児や自分が笑われていると気づいた幼児は、保育士に助けを求めたり、悲しそうな表情を見せたりしており、笑った側と笑われた側に意識のずれがある笑いであった。

劣勢の相手を仲間と笑い合った事例（エピソード4.1.1）では、助けを求められた保育士の制止により、その後、笑った側と笑われた側の幼児が共に遊んでいたが、悪口を言って笑い合った事例は、複数の幼児（5名）で一人の幼児を無視する状況の中で発生したものであった。幼児期の子どもは、利害の対立を通じて自分と他者との要求の違いを意識し、いさかいを通して、いろいろな解決の方法を具体的に身につけていくため、仲間同士のトラブルの経験は、社会性の発達にとってきわめて重要な意味を持つ（臼井,2002）。しかし一方で、幼児期においても、いじめの３つの要素である加害者の複数性、攻撃・拒否的行動の継続性および被害者の精神的苦痛を満たす行動が見られることから、保育者が子どもの発する微妙なサインに対し、敏感になる必要がある（畠山・山崎, 2003）という指摘もある。

以上のことから、幼児の笑いを理解する際には、親和性と攻撃性の両面から考慮する必要があると言える。

4.2　観察4（幼児の笑いの攻撃性）

4.2.1　目的

観察3では、「攻撃行動に伴う笑い」を「攻撃的笑い」と定義し、攻撃的笑いの発生頻度の少なさと、表出形態として攻撃的笑いとは気づかれにくいという特徴を示した。観察4では、さらに攻撃的笑いのエピソードの分析を行うことで、幼児期における笑いを親和性と攻撃性の両面から捉える意義について考察を深めていく。

先述したように、笑いの表情は喜びや幸福を表すものであるため（Darwin, 1872)、ノンバーバルコミュニケーションの手段として笑いを用いることで、互いを近づけやすくさせ、温かく受け入れるサインを示すことができ、他者の心を和ませることができる（工藤, 1999)。一方、笑いがいつも他者に対する親和性を表すとは限らない。コミュニケーションにおける笑いについて、井上（1984）は、雰囲気を明るくし、人間関係を円滑につないでいこうとする「協調としての笑い」だけでなく、笑った方が優越感に浸り笑われた方が惨めな思いをする「攻撃としての笑い」という二つのタイプを呈示している。

幼児期の笑いを分析した友定（1993, 1999a）によると、乳児期に親しい大人から笑顔を向けられてきた子どもは、幼児期初期においても大人から受容される体験を重ねていくことで、やがて子ども同士での交流ができるようになっていく。そして、3歳児になると集団の規範からのずれを理解し、笑われることを気にし始め、4歳児になると自分より劣ったものを笑う、嘲笑といった攻撃的意味を持ち合わせた笑いも見せるようになる。つまり、幼児期の子どもは、他者との社会的な交流を通して笑いに潜む攻撃性を認識し、笑いに共存する相反する二つの性質を経験とともに学習していくのである。

幼児が笑いの攻撃性に気づくようになる認知発達過程においては、子ども同士のやり取りの中で、笑い手と受け手に認識のズレが発生し、コミュニケーションが適切に機能しない事態が生じる場合がある。例えば、筆者は2003年に保育所で行った観察において、次のようなエピソードを記録している。

〔エピソード〕

給食準備中、A男（6歳3か月）が、運んでいたスープをこぼしてしまう。それを見てB子（6歳3か月）はA男に笑顔を向け、ニコニコしてぴょんぴょん跳んではしゃぎ出す。A男が担任に「雑巾で拭いてー。」と言われ持ってくると、B子は、アハハハと声を出して笑う。A男が「なんで笑うのー？」と言うと、B子はにっこり笑う。するとA男は強い口調で「なんで笑うのー！？」と言う。A男の声を聞いたC子（6歳3か月）がB子に「笑ってないよね。」とフォローすると、B子はC子をじっと見てから席に着き、C子と話をする。A男はボロボロ泣き出す。気づいたB子が「なんで泣いてるの？」と尋ねるが、A男は答えない。その後、担任に泣いている理由を聞かれたA男は「B子ちゃんが笑ったから。」と言うが、B子はA男ではなくC子を見て笑ったのだと言う。

このエピソードにおいて、A男が泣いてしまったことは、B子にとって思いがけない反応であり、B子が戸惑っている様子が窺える。この2週間前、B子が友人に「けんかじゃないよね、笑ってるもんねー。」と発言した記録があることから、B子は笑いの親和性を理解しているといえる。B子にとってけんかを表すはずがない笑いにより、A男は泣いてしまった。親和的な笑いを行ったB子とそれを親和性だと受け取れなかったA男の間には、認識のズレが生じており、A男の泣いた理由は理解されずに終わってしまっている。ここに、教育・保育に関わる大人の対応の重要性が示されていると思われる。

従来、幼児の笑いには悪意は存在せず、むしろ親しくなりたいという気持ちの表れであるといわれたり（平井・山田, 1989）、幼児の発する笑いには攻撃的笑いが見事といっていいほどない（原坂, 1997）と報告されることがあった。子どもたちの持つ力を信じて教育・保育をすることは大切であるが、大人は、子どものもつネガティブな姿を含めた上で、子どもの行動を適切に捉え、その中にポジティブな芽を見る視力をもつことが必要である（友定, 1999b）。幼児を取り囲む大人が、子ども同士の笑いの認識のズレに気づかないままでいると、いじめにつながる行動を助長することにもなりかねない。なぜなら、いじめは、被害者の受け止め方とそれ以外の者による事態の認識の仕方にズレが生じることが多いため、「見えにくい」といわれており（森田・清水, 1994）、観察3でみたように、幼児期における笑いもまた、ほとんどが親和的笑いであるために、攻撃的笑いは「見えにくい」のである。

発達研究においては、恥や罪悪感といったネガティブな感情だけでなく、笑いやユーモアなどのポジティブな感情の発達を理解することが必要である（氏家, 2010）。しかし、幼児の笑いをポジティブな感情の側面から捉えると同時に、攻撃性という側面からも理解することが、子どもの姿を適切に解釈するためには重要であると思われる。よって本研究では、幼児の笑いの観察記録を攻撃性の観点から再度検討し、幼児の笑いを親和性と攻撃性の両面から捉えることの必要性について考察する。

4.2.2　方法

2004年12月～2005年3月の間の計9回（観察3の本観察期間を含む）、

N保育所にて幼児の一日の生活（8時30分～15時30分）で見られる笑いを観察した。4歳0か月～6歳11か月の幼児45名（男児16名・女児29名）を対象に、記録用紙を使用した直接観察による記録（計6回）とビデオによる記録（計3回）をとった。幼児に話しかけられた時と幼児が危険に直面した時にだけ介入する立場を基本とし、日常の保育の中で生じる笑いを記録することに努めた。なお、ご協力いただいた保育所とは、すべてのデータを匿名で処理すること、得られたデータは研究に必要がなくなった時点で破棄すること、ビデオによるデータは学会等でも公開しないこと、研究への協力はいつでも中止できることを確認し、同意を得た。保護者に対しては、保育所の責任者を通じて研究目的とデータの取り扱いについて伝えていただき、研究への協力を依頼した。保護者からの質問等がある場合の連絡先は保育所の責任者にお願いした。

笑いが生起する文脈について理解するため、一定時間（15～20分）観察標的児1名を定め、表情が見える位置（約1～3mの範囲内）に立って観察し、一定時間が経過したら次の標的児に移ることを基本とし、観察期間内に一人当たりの観察標的児になる回数が同じになるように努めた。笑いのエピソードが終了しない場合は、終了するまで観察を行った。エピソードの終了は、笑いを行っていた当事者が笑いに伴う行動を止めた場合とした。記録する際は、時間軸に沿って、笑いが起こった文脈、相手の反応や周囲の反応、それを受けた笑い手のその後の行動を具体的に記録した。記録したデータはその日のうちに、ビデオによる記録のデータは次の日までにフィールドノートにまとめた。

笑いの表情について、直接観察に入る前に、ビデオの記録の一部（15分間）について観察者を含む2名が独立に判定した。笑いは、口角が後方または上方へ引き、上唇が引き上げられ下眼輪筋が収縮する表情であるが（Darwin,C.,1872）、顔に表れている時間は0.6～4.0秒の間の短い時間であるため（工藤,1999）、一瞬だけ見せる微笑を笑いの表情とは見なしにくかった。よって、口角が上がり、それに伴って目元が細くなる表情がはっきりと表れた場合を笑いの表情とすることにした。また、声を伴う笑いは、声のみで笑いを表現することもあるため、笑い声（アハハ、キャハハ、フフフ、ヒヒヒなど）が表れた際の表情や状況を具体的に記述することにした。

笑いの事例数は、笑いの発生から停止・消失までを行為者につき1事例とした。同じエピソードの中で、直前に行った笑いとは異なる相手や、同一の相手に対してでも異なる性質の笑いが見られた場合は、それぞれにつき1事例とした。筆者を含む2名が攻撃的か否かを含めて独立に評定したところ、99.2%一致した。不一致のあった事例は、協議した上で決定し、16事例を攻撃的笑いとした。しかし、その後、再び笑いに攻撃性があると見なされるかどうかを協議した際、3事例はエピソードからは攻撃を目的とした笑いであると断定できなかったため、攻撃的笑いの事例から除外した。

4.2.3 結果

観察された笑いは1518事例、そのうち攻撃としての笑いは0.86%（13事例）であった。攻撃としての笑いが見られた13事例について、観察3の攻撃行動の分類（畠山・山崎, 2002）に従うと、「直接的－道具的攻撃」（欲しい物を手に入れるため、また、自己主張する場合に用いられる身体的・言語的攻撃）に伴う笑いは見られず、「直接的－脅し攻撃」（仲間を支配したり威圧したりするために用いられる、身体的・言語的攻撃）に伴う笑いは5事例、「関係性攻撃」（相手との関係を絶つため、間接的な方法（無視等）を用いて相手を傷つける）に伴う笑いは8事例であった（エピソード4.2.1, 4.2.2）。「直接的－脅し攻撃」の5事例のうち、同意のない戦いごっこで勝者が見せた笑いが3事例、他者の失敗を笑いだけで非難した事例が1事例（エピソード4.2.3）、自分の攻撃行動を正当化するため威圧的な言動とともに見せた笑いが1事例であった。また、攻撃的笑いを示した幼児の年齢は、5歳後半～6歳であり、年中児および年長児に見られた。

〔エピソード 4.2.1〕無視に伴う笑い

A子（6歳0か月）が、M子（6歳8か月）の所へ「まぜて。」とやって来る。すると、M子は、A子ではなく、Y子（4歳0か月）に向かって「Y子ちゃーん。」と笑って呼びかけ、A子から離れていく。A子は、その場に立ち尽くす。

〔エピソード 4.2.2〕集団での無視に伴う笑い

給食の時間、A子（6歳2か月）、C子（6歳7か月）、E子（6歳2か月）、N子（6歳9か月）、S子（6歳7か月）の女児5人と、K男（6歳2か月）が同じテーブルで食べていると、C子が、K男に真似されて嫌だと言い始める。それを受けて、A子、E子、N子、S子も、K男はいつもC子の真似をしていると言い出し、5人の女児たちはK男と話をしないことに決める。K男は構わずに女児たちに話しかけるが、誰もK男の言葉に耳を貸さず、無視し続ける。それでも、K男は女児たちに話しかけ続ける。S子は、K男と話をしないよう周りに促すと、K男からフンッと顔を背け、隣に座っているN子に「K男君のお母さんの名前、○○子、○っちゃん。」と言い、2人でゲラゲラ声を上げて笑い合う。それを聞いて、K男は下を向く。

（観察期間中、N子とS子が、K男と自発的に遊ぶ様子は見られなかった。N子とS子は、自由遊びの時間はいつも一緒に遊んでおり、普段から仲良し関係にある。）

〔エピソード 4.2.3〕他者の失敗を笑う（R子がS子に向けた笑い）

H子（5歳8か月）、R子（5歳11か月）、S子（6歳6か月）が羽根つきをしている。R子が羽根を高く上げ、羽子板で打とうとするが、空振りが続く。6回目の空振りでR子が声を上げて笑うと、R子と目が合ったS子も笑い返す。R子は、再び羽根を高く上げて打とうとするが、また空振り。8回目の空振りで、それまでにこにこ笑いながら見ていたH子が「貸して。」と手を差し出すが、R子は羽根を渡さない。R子は、またチャレンジするが、やはり空振り。S子は、だんだん苛立ち始め「はやくー。」と急かすが、R子はまた空振り。すると、S子は「投げないでよ、だから。」と言い、H子は落ちた羽根を拾う。H子が構えるとS子は笑顔になり、H子が突いた羽根をにこにこ笑いながら追いかけていく。R子は羽根の動きをじっと目で追いながら、羽子板で自分の頭を叩いている。羽根を拾ったS子は、R子の真似をして羽根を上に投げ、羽子板で打とうとするが、S子も空振りしてしまい、羽根が床に落ちる。それを見たR子はS子に向かって、「ハハハハ！」と声を上げげて笑う。笑われたS子は、落ちた羽根を拾うと羽子板で外を指し、「あー吹雪ーー‼」と叫ぶ。

（S子は、このエピソードの前にも窓から外を見て「吹雪ー！」と騒いでおり、外が吹雪であることは知っていた。）

4.2.4 考察

観察された笑いの事例数（1518事例）における「攻撃」としての笑いの事例数（13事例）は、1％にも満たなかった。また、他者を無視する中で見せる笑いが多いことから、幼児の攻撃としての笑いを発見するのは難しいといえる。従来、幼児の笑いは親和性の面から強調する傾向がみられたが、それは、幼児の攻撃としての笑いの発見のしにくさにあったと思われる。確かに、第3章でみたように幼児の笑いの多くは他者に対する親しみを表すものであり、笑いが少ない幼児も他者との親和的・受容的関係のもとでよく笑う。しかし、本章で観察された攻撃としての笑いは、攻撃行動を強化するように笑いが機能していた。

笑いの起源は愉楽的なものだと考えられている（松阪, 2008）。エピソード4.2.1および4.2.2は、他者を無視する場面で生じた笑いであるが、笑いが本来、楽しさを表す機能をもっているだけに、その場にいても笑いを向けられないことは、一緒にいても楽しさを共有できないことを表しており、笑いを向けられない者にとっての疎外感は、強い精神的苦痛にもなりかねない。エピソード4.2.2のように、集団から無視された状況では尚更である。

エピソード4.2.2では、集団でK男1人を無視する状況の中で、S子がK男の母親の名前をからかい、N子と笑い合う。年長児では、特定の仲良し友だちを持つようになる幼児が見られるが、そのような幼児の中には、一緒に遊んだり活動したりするという実際の相互作用以上の心理的な結びつきを示す友だち関係も確認される反面、集団のウチとソトを明確に区別し、仲間以外の者に対して排他的になる集団も出てくる（青井, 1998）。S子とN子の笑いは、仲間としての心理的な結びつきが弱いK男に対する排他的な笑いであり、エピソード4.2.1に見られる笑いよりも攻撃性の高い笑いであると推測される。

幼児が笑いの攻撃性を認識するようになると、自分の失敗を笑われることに苦痛を感じるようにもなる。エピソード4.2.3において、R子は空振りが続く自分に不快感を示したS子自身もR子と同じように失敗したのを見て、S子に向かって声を上げて笑う。S子はR子の笑いによる非難を避けるように、外の景色へ話題を逸らしている。笑いの二面性について理解した幼児は、笑いを攻撃として用いるようになり、笑われた側もそれが「恥ずかしい」ことだと認識するようになると考えられる。

集団教育場面では、逸脱行動をとる子どもに対して、子ども自身で自分の行動を点検し、逸脱しているか・いないかの行動調整ができるよう、子どもに自ら気づかせる方法をとる（結城, 1998）。「他者から笑われる行動は、恥ずかしい」と示すことで、幼児の逸脱行動を規制する方法もその一つであると思われる。観察期間中も、保育士が「笑うところではありません。」と注意する場面や、女児（6歳8か月）が「笑いごとじゃないよ！」と言って、他の幼児の行動を非難する場面が見られた。幼児は、「笑いが適さない場面がある」という教育を大人から受けており、それがコミュニケーションにおける笑いの使い分けに影響を与えていると推察される。

しかしながら、そのような恥の感情を喚起する笑いを受ける側の辛さは、子どもには重すぎるときがある（友定, 1993）。はじめに示したエピソードでは、誤ってスープをこぼしてしまったA男に対し、B子がA男を傷つけるために笑ったわけではなかったとしても、A男にとって自分の失敗を笑われたことは悲しいことであった。近年、「人から笑われることへの恐れ（“The fear being laughed at”）」に注目する動きがある（豊田・濱川, 2008；野村他, 2010）。大人は、幼児の仲間関係を把握する際に、笑いが多いと関係が良好であると解釈しがちだが、そのことにより、笑いの攻撃性に傷つく幼児を見逃し、見過ごされた幼児が誰にも気づかれないまま、その後、笑われ恐怖症に至る危険性が示唆される。合意のない戦いごっこに伴う笑いが見られた場面やエピソード4.2.3のような場面は、一見、仲間同士で楽しく遊んでいるように思われるため、笑う側と笑われる側の認識のズレが見過ごされやすいと考えられる。

観察されたエピソードにおいて、攻撃行動に伴う幼児の笑いは5歳後半になってから出現するものであり、その頻度は1518事例中13事例（0.86%）という稀な事例であった。しかし、幼児期においてすでに、いじめの3つの要素（加害者の複数性、攻撃・拒否的行動の継続性、被害者の精神的苦痛）を満たす行動が見られると報告されている（畠山・山崎, 2003）。幼児期に攻撃としての笑いが見られることは少ないとしても、その頻度よりも、笑いが発生したエピソードや仲間関係の背景にも目を向け、解釈することが重要である。

例えば、観察期間中に保育者と子どもの笑いについて話し合う機会があった。その中で、保育者が集まり、特定の男児が笑われる対象になっている“気になる笑い”を挙げ、いじめの可能性を考慮し、保育所全体でその問題について話し合い、対応したことがあった。保育者が協働して笑われる側になりやすい男児の言動を肯定する声掛けを意識的に行うことで、他者からの攻撃的行動を受けるだけだった男児が、攻撃してくる相手に自己主張するようになり、その場面を見た他の幼児が男児を援護する場面も見られた。幼児期におけるいじめの早期発見に必要なことは、保育者が幼児の発する微妙なサインに敏感になることである（畠山・山崎, 2003）。幼児の笑いの親和性だけでなく、発生頻度が少ない攻撃的な笑いにも敏感になることが、幼児の発するサインに気づく一つの手段になると思われる。幼児に関わる大人が、幼児の笑いを両面性から捉えることの重要性が示唆される。

4.3　総合考察

本章では、観察3において、幼児に見られる攻撃行動に伴う笑いを攻撃的笑いとし、幼児期における攻撃的笑いについて検討した。観察4では、幼児の笑いのエピソードを攻撃性の観点からさらに分析した。笑いには人と人とを友好的に結ぶ親和的機能があり、幼児の笑いにも人への親しみを表す笑いが多く見受けられる。しかし、幼児期の子どもは、相手を支配、威圧するため、または間接的に攻撃するために笑いを用い、笑うことで攻撃行動を誇示したり、優越性を表したりもしていた。また、仲間と共有された攻撃的笑いには、仲間同士では親和的笑いを示し、笑いの対象者には攻撃性を表すというように、一つの笑いに笑いの2つの性質が含まれていた。よって、幼児の笑いの全てを親和的と見なすのではなく、発生した文脈を適切に判断することが重要であることが示された。

また、4.2.4の考察で述べたように幼児の攻撃的な笑いや他者に不愉快さを与える笑いが周囲の目にさらされたとき、特に、教育的環境下で大人に発見されたときは、その笑いが規制の対象になることがある。この点については、次章でも検討するが、子どもは自分の笑いがその場に適切かどうかを日々のやり取りの中で意識的にも無意識的にも、学習していると思われる。

ここで留意すべき点を述べたい。本章で示した幼児の攻撃的笑いは、保育者等の大人がいない状況の中で表出されていた。観察者として筆者は存在していたものの、観察者の立場は、こちらから積極的に話しかけたり遊びに参加したりせず、子どもに話しかけられた時の必要最小限のかかわりと、危険に直面した時の介入だけに留め、子どもの言動を肯定も否定もしない姿勢を貫いていた。そのため、子どもから「どうして、○○ちゃん／君が悪いことしても怒らないの？」と言われることもあった。したがって、本章で挙げた幼児の攻撃的笑いのエピソードは、子どもの言動を評価する大人が存在せず、規制されることのない状況下で生じた笑いであったといえる。

推測の域を出ないが、もしかしたら、幼児が攻撃の手段として笑いを用いる際には、大人から介入される状況を避けて笑っているのかもしれない。そうだとしたら、これもまた社会的笑いの発達において検討すべき重要な社会文化的要因であろう。

笑いを理解するためには、笑いに対する親和性、攻撃性、その両面から感じられる思いを共有することが大切であると思われる。幼児期以降に起こるいじめや笑われ恐怖症の発症の問題を明らかにするためにも、社会的笑いの発達については、学際的な視点から総合的に捉えることが必要であり、今後、子どもの人間科学である「子ども学（child science）」からのアプローチが期待される。

【付記】 本章は、伊藤理絵・内藤俊史・本多薫（2009）『幼児に見られる攻撃的笑いについて－観察記録からの検討－』（笑い学研究 16, pp.114-118）および、伊藤理絵（2012）『幼児の笑いを考える—笑いの攻撃性の観点から』（チャイルド・サイエンス（子ども学）8, pp.62-65）に加筆、修正を加えたものです。

第５章　大人に受け入れられない笑い（観察５）

5.1　目的

第３章の年少児から年長児の幼児に見られた笑いでは、一日で見られる笑いが少ない幼児でも、他者との関係が切り離された状況で孤立的に笑うことは少なく、他者とのかかわりの中で見せる笑いが９割以上を占めていた。また、第４章では、笑いを攻撃として用いる場合があることが、幼児期において少ないながらも見られることが確認された。乳児期では親和的な機能として働いていた笑いが、幼児期において、対人関係の中で培われる中で笑いの機能の多様性が増し、社会化されていくと考えられる。

私たちは、いつも自分の思うままに笑うことはできない。笑いを適切に表出しなければ「今の笑いはおかしい」と見なされ、周囲から指摘されたり、注意を受けたりすることになるだろう。第４章で示された幼児の攻撃的笑いは、幼児の不適切な言動を正したり、教育的な介入をしたりする大人がいないところで生じた笑いであった。攻撃的笑いを表出するとき、「攻撃」としての笑いをどのような状況で表出すれば他者から非難されないかといったことも含め、笑いを表出する際には、笑っていい場面と笑ってはいけない場面の判断が必要となってくる。

笑いの適切さ／不適切さ（笑いの適切性）の判断は大人でも難しいことではあるが、家族や仲間など様々な関係性にある他者とのやり取りを経験する中で、相手や場に応じて笑いを使い分けるようになることが推測される。大人は子どもの「おかしい」言動を認めもするが、同様におかしいとはどういうことなのかを示しもする（Billig, 2005/2011）。友定（1993）は嘲笑出現の背景には、保育者などの大人が無意識に行う「人に笑われるよ」

という圧力で行動を規制していくような笑いを社会的制裁の手段として用いる教育があり、そのことによって規範を守らない子は「笑ってもいい」対象であると子どもたちに解釈させている可能性があることを示唆していた。では、保育者などの大人は、実際、望ましくないと思われる子どもの笑いをどのように規制しているのであろうか。

小学1年生の学級で見られる笑いを観察した堂本（2002）は、真面目な活動の中で子どもたちが表出する笑いは、自発的な集団ではない学級集団を魅力的な場にするために重要なものであると位置づけた。しかし、教室では決められた活動の遂行が第一目的である以上、学級の秩序は維持されるべきであり、教師には真面目さとふざけのバランスをとることが常に求められていた。

ふざけ行動は、「悪ふざけ」として大人が望ましくない行動と見なしやすい（平井・山田, 1989）。笑いを伴うふざけ行動を教師等の大人が悪ふざけと見なすとき、そこには子どもへの「こう育ってほしい」といった大人の思いがあり、そのような大人の願いや価値基準に反する子どもの不従順さ（noncompliance）に対して、大人は子どもが場に応じて適切な行動を自ら判断し、選択し、自律的に実行できるよう介入していることが推察される。

自律性とは「自身の意図や目的と、相手の意図や目的の双方に照らして行動を選択し、実行すること」であり、自律性の発達には他者からのコントロールへの抵抗や不従順さ（noncompliance）だけでなく、他者への自発的な従順さ（compliance）の側面も同時に現れる（坂上, 2010）。自分の笑いを伴う行動が、教師等の大人によって「不適切」と見なされた場合、双方の意図や目的に照らして次の行動を選択することは自律性の一種とも思われる。

幼児教育の場においても、日本では集団の規範に反する行動に対して幼児自らが気付いて行動を修正することを促す教示が行われる傾向がある（結城, 1998）。幼児期のふざけ行動を縦断的に観察した堀越・無藤（2000）は、幼児のタブー（例：お尻）を用いたふざけに大人が継続的に注意を向けることで、幼児がタブーへの恥ずかしさを強く感じ、次第にタブーに飽きて仲間と楽しく遊ぶ他の方法をとるように方向付けられることを示唆した。幼児が笑いながら慣習的・道徳的に望ましくない行動をとったとき、大人から注意を向けられることによって、幼児が自分の笑いの不適切さに気付くきっかけになる可能性が考えられる。

そこで本研究では、「保育士等の大人により不適切さを指摘された幼児の行動」を、保育士等の大人の思いや価値基準に対する不従順さ（noncompliance）を表す行動として「noncompliance 行動」とし、笑いを伴う noncompliance 行動が見られたエピソードを分析する。特に規範やルールに規制されやすい一斉活動場面を取り上げ、幼児期の集団生活の場において、大人が不適切と見なす行動とともに見せる幼児の笑いの意味について考察を試みる。

5.2 方法

5.2.1 対象児と使用するデータ

笑いを伴うふざけ行動や攻撃的な行動は大人が不適切と指摘する行動の対象になりやすいと考え、笑いと攻撃行動を観察したデータを使用した[3)]。本観察期間中は、5歳児クラスにおいて小学校への移行が円滑になされることを目的に約2時間の午睡時間がなくなり、その時間は前半が自由遊び時間、後半が保育士主導の下でのルールのある遊び時間になっていた。よって、設定された活動における大人とのかかわりが増えると予測し、5歳児クラスの幼児20名（男児5名・女児15名：6歳0か月～6歳11か月）を対象とした。倫理的配慮として、保育所および管轄の担当者に研究の同意を得た後、保育所を通して保護者への説明と協力に応じられない場合は中止可能であることを伝えた。なお、ご協力いただいた保育所とは、すべてのデータを匿名で処理すること、得られたデータは研究に必要がなくなった時点で破棄すること、ビデオによるデータは学会等でも公開しない

3) 詳細は、第4章を参照のこと。

こと、研究への協力はいつでも中止できることを確認し、同意を得た。保護者に対しては、保育所の責任者を通じて研究目的とデータの取り扱いについて伝えていただき、研究への協力を依頼した。保護者からの質問等がある場合の連絡先は保育所の責任者にお願いした。本観察は2005年2月中旬～3月中旬の計5回、観察時間は18.4時間であった。

5.2.2　観察方法

観察者1名で記録用紙とビデオを用いて記録し、できる限り日常の保育の姿を壊さないよう努めた。時間軸に沿って、笑いや攻撃行動が生じた前後の文脈、周囲の反応、それを受けての行為者のその後の行動を記録した。観察標的児1名を一定時間（約15～20分）観察し、笑いや攻撃行動のエピソード終了（①笑いや攻撃行動を止めた場合 ②仲間同士や保育者の介入等により攻撃行動が解決された場合）まで観察を行った。

笑いの表情は、ビデオ記録の約15分について筆者と1名の評定者の2名で判定した。一瞬見せる微笑は一致しにくかったため、口角の上昇に伴って目元が細くなる表情がはっきりと表れた笑いを基本とし、その周辺的な笑いについては前後の文脈と笑い方を記述した。攻撃行動は畠山・山崎（2002）の3タイプ（直接的－道具的攻撃・直接的－脅し攻撃・関係性攻撃）に従い、記述した。

5.3　結果と考察

5.3.1　一斉活動場面のエピソードと分類

幼児全員が一つの共通目的に向かって行動することが求められる場面を一斉活動場面（①先生のお話 ②食事時間 ③お片づけ ④紙芝居 ⑤ルールのある活動（例：鬼ごっこ，リズム遊び） ⑥活動前準備・整列 ⑦帰りの時間 ⑧修了式の練習）とした。本観察中に得られた245エピソードのうち、一斉活動場面のエピソード数は95で、他は自由遊び場面であった。

一斉活動場面の95エピソードの中で、保育士等の大人とのかかわりが見られたのは64だった。幼児の笑いを伴う行動に大人も笑い返すなど親和的な笑いを共有するエピソードもあったが、本研究では、保育士等の大人が幼児の笑いそのものの不適切さを指摘したエピソード、および大人が幼児の笑いを伴う行動を不適切であると判断して介入したエピソードで、かつ大人の介入前後の幼児の行動が明確に記録されたエピソードを抽出した。大人が幼児の笑いそのものの不適切さを指摘したエピソード数は1、大人が幼児の笑いを伴う行動を不適切と判断し介入したエピソード数は19であった。

5.3.2 笑いの不適切さに対する大人の直接的な指摘

一斉活動場面において、保育士等の大人が幼児の表出した笑いに対し「今の笑いはおかしい」と笑いそのものの不適切さを直接指摘したのは1エピソードのみであった（エピソード1）。なお、エピソード中の名前は仮名であり、幼児の笑いを伴う行動には一重下線、幼児の笑いに対する大人の反応には二重下線を記す。

＜エピソード１＞

リズム遊び中、りな（6歳4か月）が頭の上に椅子をのせている。ピアノを弾いているA先生が気付き「りなちゃん、危ないことするのやめて。」と言い、B先生が椅子を取り上げる。それを見てあきと（6歳10か月）がハハハと声を上げて笑う。するとA先生はピアノを止め「今ね、りなちゃんが危ないことした時、笑った人は誰？それおかしいと思うの。悪いことした時、危ないことした時、りなちゃん！って…」と話をする。あきとはうつむく。A先生は話し終えるとピアノを弾き始めるが、あきとはずっとうつむいたままであった。

あきとは、りながA先生から注意され、B先生に椅子を取り上げられたことをおもしろがって笑った。あきとの笑いを不適切と見なしたA先生は、あきとを名指ししたり厳しい口調で問い詰めたりすることなく、今の笑いの不適切さを説明したのだが、あきとからは笑いが消えた。あきとのうつむき続ける姿からは、自分の笑い声の不適切さを指摘されていることに気付き、おもしろがり続ける心的状態ではなくなったことが推測される。

5.3.3 笑いを伴う幼児の noncompliance 行動に対する大人の介入

(1) 笑いを伴う幼児の noncompliance 行動とエピソード数

幼児の笑いを伴う行動に対して、保育士等の大人が不適切と見なして介入した noncompliance 行動のエピソード数は 19、そのうち、ルールのある活動の決まりを守らなかったのが 8、活動に参加せずにふざけたりおしゃべりをしたりしたのが 7、対人関係のルール（例：約束を守る）を守らなかったのが 2、危険な行動（例：物干し台に乗る）が 2 エピソードだった。

(2) 大人の介入方法と幼児の行動修正率

全てのエピソードで見られた保育士等の大人の介入方法の組み合わせと、各介入方法に対して幼児が指摘された noncompliance 行動をやめた、もしくはやめさせられたエピソード（行動修正率）を Table5.1 に示す。19 エピソードのうち、エピソード終了時に行動修正が見られたのは 13 エピソード（68.42%）であった。

大人は幼児の笑いを伴う行動を不適切であると判断した際、今すべきことを本人に向かって言葉で直接伝える「直接的な指摘」よりも、行動修正を本人に委ねるような言葉で伝える「婉曲的な指摘」（例：「お話している人がいるなぁ」）を多く用いる傾向にあり、婉曲的な指摘のみを使用したエピソードは 42.10% で最も多かった。婉曲的な指摘で行動修正がなされない場合、直接的な指摘だけでなく、厳しい表情で見続ける等の「非言語による指摘」や、感情が高ぶった幼児をなだめるといった「感情の立て直し」のような他の方法を組み合わせていた。危険性が高い行動や noncompliance 行動が繰り返される場合は、noncompliance 行動をする幼児同士を引き離す等の「強制介入」によってやめさせることもあった。

介入を行う大人の表情に笑いはなく、基本的に淡々と冷静に介入していたが、特に、危険性の高い noncompliance 行動や noncompliance 行動の

Table5.1　大人の介入方法の組み合わせと幼児の行動修正率

	エピソード数（%）	行動修正率（%）
婉曲的な指摘のみ	8（42.10%）	6（75.00%）
直接的な指摘のみ	1（5.26%）	1（100.00%）
非言語による指摘のみ	1（5.26%）	1（100.00%）
婉曲的な指摘＋直接的な指摘	2（10.52%）	1（50.00%）
婉曲的な指摘＋非言語による指摘	1（5.26%）	0（0.00%）
婉曲的な指摘＋直接的な指摘＋強制介入＋感情の立て直し	1（5.26%）	0（0.00%）
婉曲的な指摘＋非言語による指摘＋直接的な指摘＋強制介入	1（5.26%）	1（100.00%）
直接的な指摘＋強制介入	2（10.52%）	2（100.00%）
直接的な指摘＋非言語による指摘	1（5.26%）	0（0.00%）
直接的な指摘＋感情の立て直し	1（5.26%）	1（100.00%）
エピソード計	19（100.00%）	13（68.42%）

継続が長引く場合は、厳しい表情や口調で対応していた。

(3) 大人の介入後の幼児の行動分類

エピソードの中には、noncompliance 行動を繰り返すなど複数の行動が含まれることがあったため、保育士等の大人の介入後の幼児の行動について、Kochanska & Aksan（1995）および坂上（2010）を参考に、行動を修正した場合と noncompliance 行動を継続した場合に分け、分類した。分類基準を Table5.2 ～ 5.3 に示す。

行動修正および noncompliance 行動を行った幼児 1 名につき 1 事例とし、同じエピソード内で行動修正と noncompliance 行動が繰り返されたり、異なるタイプの行動修正や noncompliance 行動が見られたりした場合は、その行動につき 1 事例とした。

筆者 1 名と評定者 1 名での定義の確認後、分析対象となる 19 エピソードと、5.3.2 で取り上げた大人が幼児の笑いの不適切さを直接指摘した 1 エピソード、およびその他の大人と子どものやりとりがみられた 11 エピ

Table5.2　行動修正のタイプ

行動修正	定義
①自律的行動修正	自分と同じような noncompliance 行動を行っている他児に対して大人が示した指示や要請、価値基準を受容し、直接介入はされていなくとも自ら行動修正を進んで行う。
②受容的行動修正	大人の指示や要請、価値基準を受容し、従う。子どもが納得して従っているようにも見える。大人と駆引きした結果、大人の要求に納得して行動修正することもある。
③非自律的行動修正	大人の指示や要請、価値基準に最終的に従うものの、遵守が不十分だったり、一時的な遵守拒否が見られるときもある。継続的な介入がないと従うのをやめたり、強制的な介入を受けることによって行動修正が行われたりする。渋々従っているように見えたり、注意されたことによる落胆から行動をやめるときもある。

Table5.3　noncompliance 行動のタイプ

noncompliance 行動	定義
①積極的 noncompliance 行動	大人が示す指示や要請、価値基準を理解していながらも完全には受容せず、noncompliance 行動を行う。大人に対して noncompliance 行動の受容を求めて自ら進んで不適切行動を行っているように見えるときもある。時に継続したり、繰り返したりする。
②ふざけ的 noncompliance 行動	大人が示す指示や要請、価値基準を受容せず、むしろ大人に対して noncompliance 行動の共有を求めて継続したり、繰り返したりする。ただし、自分の行動が大人にとって noncompliance 行動と見なされ、行動修正すべき対象となる行動であることを理解していないように見える。
③非顕在的 noncompliance 行動	大人の指示や要請、価値基準に従わず、介入を嫌がったり、逃避したり、無視したりする。ただし、あからさまに拒否的態度を示すわけではない。
④拒否的 noncompliance 行動	大人の指示や要請、価値基準に従わず、促されると、あからさまに拒否・逃避・駆引きをしたりする。
⑤反抗的 noncompliance 行動	大人の指示や要請、価値基準に従わず、反抗的な態度を示す。自己制御が不十分な手段（例：怒る，泣く，蹴る，癇癪を起こす）で拒絶する。

ソードを加えた31エピソードについて、行動修正とnoncompliance行動の事例数とタイプを独立に分類した。分類について、信頼性のあるものかを検討するために、κ係数を求めた結果、行動修正はκ=.85、noncompliance行動はκ=.77であった。よって、一致度が十分高いκ係数が確認された。不一致の事例は定義の分かりにくさから分類が難しいとされたため、定義の表現を修正し、再び、分類したところ、全ての事例と行動のタイプが一致した。

大人の介入後の幼児の行動修正とnoncompliance行動の事例数および割合を、笑いの有無別に示す（Table5.4, Figure5.1）。

また、大人の介入後に見られた幼児の行動は、全体で53事例、そのうち大人の介入後も幼児に笑いが見られたのは行動修正およびnoncompliance行動の継続を合わせて20事例、笑いが消失したのは33事例だった。つまり、大人の介入後に見られた全事例のうち約6割は幼児の

Table5.4　大人の介入後の修正行動および noncompliance行動の事例数および割合

	笑いを伴うnoncompliance行動後	
大人の介入後	笑い有 20(37.73%)	笑い無 33(62.26%)
＜行動修正＞		
①自律的行動修正	0(0.00%)	3(9.09%)
②受容的行動修正	1(5.00%)	10(30.30%)
③非自律的行動修正	1(5.00%)	7(21.21%)
計	2(10.00%)	20(60.60%)
＜noncompliance行動の継続＞		
①積極的noncompliance行動	6(30.00%)	3(9.09%)
②ふざけ的noncompliance行動	11(55.00%)	1(3.03%)
③非顕在的noncompliance行動	0(0.00%)	2(6.06%)
④拒否的noncompliance行動	1(5.00%)	5(15.15%)
⑤反抗的noncompliance行動	0(0.00%)	2(6.06%)
計	18(90.00%)	13(39.39%)

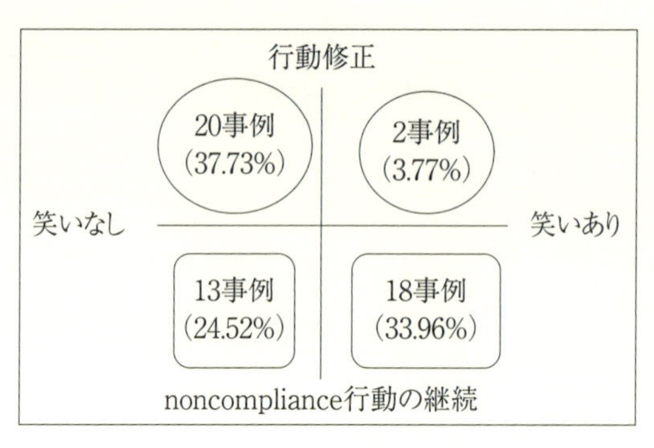

Figure5.1　笑いを伴う noncompliance 行動を指摘された後の幼児の行動 53 事例の内訳

笑いが消失する事例であった。大人の介入後も幼児に笑いが見られた 20 事例に焦点を当てると、20 事例中 18 事例（90.00％）で noncompliance 行動が繰り返されていた。そのうちの 11 事例（55.00％）がふざけ的 noncompliance 行動であった。一方、笑いが消失した 33 事例のうちの 20 事例（60.60％）は、行動修正を行う事例であった。

(4) 笑いを伴う noncompliance 行動のエピソード

大人にとっては不適切と見なされる noncompliance 行動であっても、そこでの幼児の笑いを伴う行動は、幼児にとっては大人への働きかけであり、大人からの受容を求めていることがあった（エピソード 2）。なお、以下のエピソードでは、笑いを伴う noncompliance 行動には一重下線、笑いが伴わない行動修正には二重下線、笑いが伴わない noncompliance 行動の継続には太線で記す。

＜エピソード 2 ＞

お片づけの時間、<u>まい（6 歳 2 か月）は片付けをしている C 先生のお尻を触ると、りかこ（6 歳 2 か月）の所へ走っていく。そして 2 人でにこにこ笑いながら C 先生に近づき、C 先生のお尻を触る</u>。C 先生が振り向くと、

2人は片付けが終わっていないテーブルの所へ笑顔で逃げていく。C先生がそのテーブルを片付けにやってくると、それを見て2人はそばにある椅子を片付け始める。

まいは片付けをせずC先生のお尻を触り、そのふざけにりかこを誘う。幼児にとって、お尻等のタブーを用いたふざけ行動は仲間関係を形成したり強化したりする手段になる場合がある（堀越, 2003; 堀越・無藤, 2000）。2人が笑いながらC先生に近づいてお尻を触り、C先生が振り返るとにこにこ笑って逃げる様子からは、タブーを用いたふざけ行動を笑いながら行うことで、2人がC先生に働きかけ、一緒に楽しむことを求めているように見える。

しかし、C先生は黙って片付け続けることで、片付けの時間にもかかわらず片付けをせずに笑ってふざける2人の行動の不適切さを伝えている。C先生の姿を見て2人は片付け始めるが、その時の2人の表情から笑いが消失していることから、自分たちの笑いを伴うnoncompliance行動が今の状況では不適切であったことの気付きが表れていることが推察される。

また、保育士との約束をあえて守らず、noncompliance行動を笑いながらすることで保育士に注目してもらおうとする幼児からの働きかけも見られた（エピソード3）。

＜エピソード3＞

B先生は、泣いている女児の話を聞いている。りな（6歳4か月）は、カバン掛けを倒すと笑ってB先生を見る。B先生に「お約束守るんじゃなかったのー？」と言われ、「おしぼり一人で絞れない。」と言う。B先生が「絞れるでしょー」と言うと、カバン掛けをガタガタ揺らす。B先生に「りなちゃん、まず座ってー」と言われ、自分が座る椅子を取りに行く。

りなのカバン掛けを倒すという行動は、B先生との約束を破る行動である。カバン掛けを倒した後にりなが笑う姿は、B先生との約束をあえて破ることで、泣いている女児に対応しているB先生の注意を自分に引き付けようとしているように見える。「おしぼり一人で絞れない」という言葉からも、りなの noncompliance 行動に込められた「先生と一緒に絞りたい」という思いが読み取れる。

坂上（2002）は、幼児が危険な行動を取ったり、社会的慣習および道徳的観点から見て望ましくないとされる行動を取ったりしたときに養育者から非難や叱責を受けた場面を葛藤的やりとりとして抽出し、養育者側も子どもの変化に応じて自身の関わりを変えていくことを示唆した。保育の場面では、家庭での養育者にあたる大人は保育者であると考えられる。B 先生は、一緒におしぼりを絞ろうと交渉するりなの要求に対し、一人で絞るよう促すものの、りながさらにカバン掛けを音を立てて揺らして訴えると、りなが受け入れやすい「まず座って」という直接的な要求にかかわりを変えている。

積極的な noncompliance 行動に伴う笑いは、幼児の中に「やってはいけない」という内面化された行動基準がありながらも、笑いの親和関係を樹立する機能を前面に押し立てて実際には行動するという複雑な戦略を取る中で見られる笑い（友定, 1993）であると思われる。りなが最初に見せた noncompliance 行動に伴う笑いは、B 先生とやり取りするきっかけを作るための親和的笑いであったことが推察される。

一方、大人に受容されないことが分かると、反抗的な noncompliance 行動へ発展することもあった（エピソード 4）。

＜エピソード 4 ＞

ちさ（6 歳 8 か月）は修了式の練習をせず、注意されてもケラケラ声を上げて笑ったり、にこにこ笑いながら「サンバー！」と踊ったり、遊戯室を走り回ったりしている。ちさに対し、C 先生は厳しい表情で注意し続ける。注意されても笑っていたちさだったが、だんだん顔を真っ赤にし、「あー！！」と叫ぶと、C 先生を見ながら遊戯室を出て行こうとする。C 先生が厳しい表情のまま、ちさを見続けていると、ちさは廊下に置いてある布団入れの中に入っていく。

クラスの子たちが修了式の練習をしている中で、ちさだけが遊戯室を走り回る等の行動をし、C先生は厳しい表情で対応し続ける。ちさは、どんなに笑いかけても自分の行動を受け入れてくれないC先生へ怒りを表し、C先生の様子を窺いながらnoncompliance行動を継続するが、C先生は動じない。

先述したように、幼児は笑いながらnoncompliance行動をすることで保育士等の大人からの受容を求めるときがあるが、その笑いや行動を大人が許容するか否かは活動の内容や目的に応じて変化すると思われる。エピソード3のB先生は、りなが納得するようにかかわりを変え、行動修正を促していた。しかし、社会的慣習や道徳的観点および安全面から見て望ましくない行動の中には、基準を下げずに行動修正を促す必要性が高まる場合もあると思われる。

保育士等の大人は状況に応じて守るべき行動の基準を変えており、幼児はそのようなやり取りを日々経験しながら、集団生活を楽しく過ごすための規範やルールとともに笑いの適切さ／不適切さをも内面化していくことが推測される。その一方で、幼児はあえて笑いを伴うnoncompliance行動を行うことで、受け入れてほしい自分の思いと、それを受け入れられない大人からの要求との葛藤を自律的に解決しようとしているようにも思われる。

5.4　今後の課題

本研究では、笑いを伴う幼児の行動を保育士等の大人が「不適切」と判断し介入した事例を取り上げ、幼児の集団生活におけるnoncompliance行動に伴う笑いについて検討した。大人が幼児の笑いそのものの不適切さを直接伝えたのは、1エピソードのみであった。本研究は、一つの保育所を対象とした結果であるため解釈には慎重を要するものの、笑いを伴う行動を不適切であると判断した大人は、笑いの不適切さではなく、笑いが付随する行動の不適切さに焦点を当て、婉曲的に指摘する可能性が考えられる。保育所保育指針（厚生労働省, 2008a, 2017）や幼稚園教育要領（文部科学省, 2008, 2017）では、幼児期は規範意識を培う大切な時期であることが指摘されているが、本研究によって、幼児が大人とのやりとりの中で、いかに集団生活に求められる行動規範を内面化していくのかを「笑いの適切性の内面化」という観点から検討するという新たな見方を提示できたと思われる。

本研究では、幼児の笑いを伴う行動を分析したが、幼児は自ら笑う経験だけでなく、当然ながら自分の行動を周りから笑われる経験もしている。保育の現場では、他者から笑われる行動は恥ずかしいという意識を幼児にもたせるような働きかけによって、幼児に集団規範からのズレを理解させる場合がある（友定, 1993）。笑いの適切さ／不適切さ（笑いの適切性）に関する規範の内面化過程を実証することは、集団生活の中で規範意識が幼児期にいかに培われていくのかを理解する一つの視座にもなるのではないだろうか。本研究で得られた知見を基礎に、幼児が笑いの適切性をいかに理解し、内面化していくのか、大人と子どもとのやり取りだけでなく、子どもを取り囲む環境全体を含めて横断的および縦断的に明らかにする必要があると思われる。

【付記】本章は、伊藤理絵・佐久間路子（2015）『保育の一斉活動場面における大人と幼児のやりとりで見られた笑いについて－noncompliance 行動に伴う笑いの観点から－』（チャイルド・サイエンス（子ども学）, 11, pp.71-75）に加筆、修正を加えたものです。

第Ⅲ部　笑いの不愉快さを語る

第6章　幼児は笑いの不愉快さを説明できるのか

6.1　目的

第3章では、幼児にみられる社会的笑いの全体的な把握をし、第4章では、幼児の攻撃的笑いに焦点を当てた。攻撃的笑いの事例数は幼児が見せる笑いの全体数からすれば、非常に少ないものの、幼児期において既に攻撃的笑いという形での社会的笑いがみられていた。第3章および第4章は幼児が表出した社会的笑いから幼児の笑いの攻撃性について考え、第5章では、大人から受け入れられない笑い（noncompliance 行動に伴う笑い）を示した幼児と大人とのやり取りのエピソードから、笑いの適切性の内面化について検討した。

それまで家庭で生活していたそれぞれの子どもを集団関係の中に取り込み、集団の一員として扱っていく過程には、その後の小・中学校での学校生活を形成し、維持する集団教育の「仕組み」を読み取ることができる（結城, 1998）。大人は、子どもに大人のルールの世界を教えるために、どのような言動が社会のルールを乱すのかを、時に子どもの言動を笑うことで顕在的にも潜在的にも示すこともある（Billig, 2005/2011）。

第5章で取り上げた幼児の笑いは、大人に受け入れられない行動に伴う笑いを noncompliance 行動に伴う笑いとしたが、幼児はあえて笑いを伴う noncompliance 行動を行うことで、大人に受け入れてほしい自分の思いと、それを受け入れられない大人からの要求との葛藤を自律的に解決しようとしている可能性が示唆された。このような笑いは、幼児が自分の置かれた社会規範の中で適切な笑いと不適切な笑いについて、経験を通して意識的にも無意識的にも学んでいるという点で、社会的笑いの構成要素

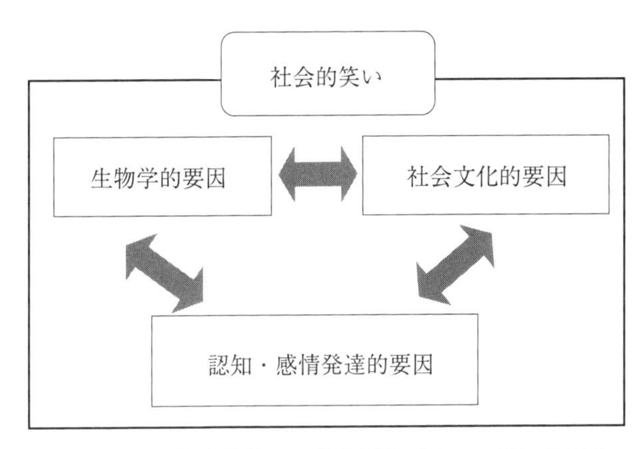

Figure 2.1　社会的笑いの構成要素（イメージ）（再掲）

（Figure2.1）でいう社会文化的要因を中心に検討されたエピソードであったと考えられる。つまり、第5章は、noncompliance 行動に伴う笑いに対する大人の介入と、それを受けた幼児の行動の変容を笑いの社会化の一つの過程として捉え、主として、Figure2.1 で挙げた社会文化的要因に焦点を当てて考察した章であった。

noncompliance 行動に伴う幼児の笑いは、大人を意図的に傷つけるために表出された笑いというよりも、大人から受け入れてもらおうとする行動に伴う笑いであり、親和性に基づく笑いであるといえる。幼児が他者に受け入れられない笑いを表出したからといって、相手を排除するために笑ったわけではなく、そこには受容してもらいたいという幼児の思いがあると思われる。では、幼児は相手を意図的に傷つけるために笑ったわけではないとしても、相手には受容されない笑いがあったり、相手に不愉快さを与える場合があったりすることを理解しているのだろうか。

本章では、社会的笑いの攻撃性について、幼児の笑いの不愉快さの理解という視点から、幼児が笑いのネガティブな側面についてどのように理解し、説明するのかという、主として認知・感情発達的要因（Figure 2.1）に焦点を当てて検証することを目的とする。

第4章で、スープをこぼしたA男を見て笑ったB子に対して、A男が怒り、泣いてしまったエピソードをみた。自分の笑いによってA男が泣いたことは、B子にとって思いがけない反応であり、B子が戸惑う様子がみられていた。このエピソードの2週間前、B子が友人に「けんかじゃないよね、笑ってるもんねー。」と発言した記録があることから、B子は笑いの親和性を理解しているといえる。ここから、笑いが時に他者に不快な思いを与える場合があるという理解や、自分の意図しない笑いであっても、受け手にとっては不愉快な場合があるというような笑いのもつ攻撃的側面の理解は、笑いの親和的側面の理解よりも後に起こることが推察される。

我々は、日常生活における他者とのやり取りで見られる笑いについて、相手の表出する笑いが親和的なのか攻撃的なのか、それらが混合された笑いなのかなど、笑いが表出された文脈や相手の言動および表情を手がかりに笑い手の意図を推測し、判断している。また、自分が攻撃を意図して笑ったわけではないとしても、笑われた相手にとって恥ずかしさを喚起させる笑いであった場合には、相手の表情や言動から、親和的な笑いを向けた意図が必ずしも相手に理解されるわけではないことを読み取らなければならない。3歳（年少児）から6歳（年長児）の時期において、笑い手と受け手の意味のズレを経験することで、笑いのもつ攻撃性に気づくようになり、年長になるにつれ攻撃を意図した笑いが表出されるようになる（cf. 友定, 1993, 1999a）。笑い手と受け手の意味のズレから生じる笑いの不愉快さを理解するためには、他者の視点に立って言動を捉えるための他者理解の発達と関係していると思われる。

心の理論（theory of mind）は、行動について推論するために、心的状態（目的・意図・知識・信念・思考・疑念・推測・ふり・好みなど）を帰属させるシステムであると考えられている（e.g. Premack & Woodruf, 1978; Astington & Hughes, 2013）。また、感情理解（emotion understanding）とは、直接的な情報（例：表情やある特定の状況）や間接的な情報（例：個人の特性）と感情との関連についての理解を指す（森野, 2005）。

他者との相互作用が生じるためには、自己だけでなく他者の視点で考えることが必要になる（丸野, 1991）。表出された笑いから他者の心の状態を適切に判断し理解するためには、言語的および非言語的コミュニケーションで用いられるサインを適切に処理し、評価する必要がある。例えば、「笑い」には微笑から有声の笑いまで異なるレベルの笑いが存在するが、笑い声を聞かせた実験では（Szameitat, et al., 2009）、笑い声という聴覚的刺激のみが与えられたにもかかわらず、それを聞いた受け手は笑った相手の感情状態（emotional state）を判断し、喜びや嘲りなどの意味の異なる笑いとして認識していた。笑いは表情だけに表れるものではなく、笑い声にも感情状態が表出されるのである。

幼児期においても、子どもが相手の笑い方の特徴と心的状態を結びつけていることを示唆する研究がある。Sarra & Otta（2001）は、観察で見られた笑いを口の開きの程度の違いによる3種類の微笑（closed smile, upper smile, broad smile）と有声の笑い（laughter）の計4種類に分類した。その結果、微笑は多くの場合、好意や友好などの親和性を表すものの、他者の失敗を笑う際には上下の歯が見える微笑（broad smile）や有声の笑い（laughter）が伴いやすい傾向がみられた。異なる笑いの形態を示す笑い手の意図を区別することによって、保育者だけでなく幼児も他者の性格を評価していることも示唆された。

幼児が相手の示す複数の笑いの表出形態から相手の感情や性格を推測している場合、その推測の信頼性や妥当性の高さは心の理論や感情理解のような認知発達と関連していると思われる。先述したように、幼児が笑い手と受け手の意味のズレを経験する中で、年少児から年長児の時期に笑いのもつ攻撃性に気づき始め、嘲笑のような攻撃的笑いを示すようになるならば、年少児から年長児は3歳から6歳の時期に相当している。この時期は、他者の心の状態が必ずしも自分の心の状態と同じであるとは限らないということを理解する心の理論の一次的信念に関連する他者理解の発達過程に大きな変化が見られる時期（子安, 1999）と一致する。よって、笑いの攻撃性への気づきおよび攻撃的笑いの表出は、他者の視点に立って相手の言動を捉える他者理解の発達や、他者の感情を理解するのに必要な情報を手がかりに人の心の状態を捉える感情理解の発達とも関連していることが考えられる。

心的状態の理解（心の理解）と心の理論および感情理解発達の関係について、年少児から年長児を対象にした実験では（森野, 2005; 森野・早瀬, 2005）、月齢や言語能力が同程度の場合、特に年中児と年長児において、心の理論が発達している子どもほど感情理解も発達している傾向にあった。加えて、仲間との相互作用を評価する保育士評定尺度を用いて社会的スキルと人気について検討したところ、年長児では心の理論が発達している者ほど社会的スキルや仲間からの人気が高い傾向があることも示された。心の理論と感情理解の発達に個人差があるのであれば、幼児期における攻撃的笑いの表出や笑いに含まれる親和性と攻撃性の理解発達についても個人差があることが予想される。

また、心的状態の理解の発達は単一なものではなく、心の理論発達と感情理解発達の異なる側面が存在することが示唆されている（Cutting & Dunn, 1999; 森野, 2005; 森野・早瀬, 2005）。一方で、O'Brien ら（2011）は、先行研究は横断的研究が主流であり、感情理解が早期に発達することで他者理解の学習に役立つのか、心の理論の発達が他者理解の基礎となるのか、それとも二つの領域はそれぞれ独立に発達する社会認知的スキルの異なる側面であるのかということを結論づける十分な証拠がないことを指摘し、その上で3歳から4歳を対象に心の理論課題の達成と感情理解の関係について縦断的に調査した結果、早期の感情理解が後の心の理論課題の成績を予測することを示した。心の理論と感情理解の発達の関係を明らかにするためには、O'Brien ら（2011）の縦断的研究の必要性についての指摘はもっともであると思われるが、これまでの心の理論および感情理解に関する研究と比較・検討するためには、それぞれの研究が使用した課題を精査し、実証していく必要もある。

幼児期における心の理論と感情理解の発達過程や関連性については議論の分かれるところであるが、いずれにせよ、子どもが攻撃を意図した笑いを行うようになるには、笑いがもつ人を不快にさせる性質への気付きと、自分が笑うことで笑われた相手が不快に思うであろうという他者の心的状態を状況や表情から判断することが関わっていると思われ、心の理論と感情理解という二つの側面から幼児の笑いの発達を捉える視点は重要であると考えられる。幼児期に他者に対する攻撃を意図した笑い（攻撃的笑い）が見られ始めるのだとすると、幼児期は、心の理論や感情理解が発達していく中で、自分が楽しくて笑った笑いであったとしても、相手にとってはそうでない場合があることや、笑いによって他者の心が傷つく場合があることを学習し、相手の行動や感情に対する理解を深めていく発達段階にあることが推察される。

また、心の理論の発達に寄与する要因の一つに、言語と心の理論との正の相関関係が多くの研究で示唆されているが（Miller, 2012）、心の理論だけでなく、感情理解にも言語能力が関係しているという指摘がなされている（Cutting & Dunn, 1999）。笑いに含まれる相反する二つの性質である親和性と攻撃性を理解する過程について心の理論や感情理解の発達と関連させて検討する際には、言語能力を統制変数に加えた上で検証する必要があると思われる。言語能力は皮肉など、見かけと意図が異なる表現の理解に関わるスキルでもある。子どもが皮肉を理解し始めるのは小学校に上がってからであるが（松井, 2013）、児童期以降に言語能力がさらに発達することは、皮肉や諷刺などの表現の中に含まれる攻撃性を理解できるようになることにもつながることが考えられる。特に、皮肉の理解は、発話内容と現実の状態とのズレについて他者の信念や意図を推測する心の理論の中でも二次的信念の理解が必要である（子安, 1999）。笑いに含まれる攻撃性を理解することは、笑っていても状況によっては好意的に受け取られないことがあるという、表出された笑いと実際の心の状態にズレがあることを理解することでもある。よって、笑いの不愉快さを理解し、説明できる子どもは、高次の心の理論課題の正答率が高いかもしれない。

子どもの笑いに含まれる親和性と攻撃性に対する理解は、児童期以降、皮肉の理解とともにさらに深まっていくと考えられるが、その基盤となる幼児期の子どもは、笑いがもつ攻撃的側面をどのように理解しているのであろうか。第4章で示したエピソードでは、スープをこぼしたA男を見て笑ったB子に対して、A男が怒り、泣いてしまったが、B子にとってA男が泣いたことは思いがけない反応であり、B子が戸惑う様子がみられていた。このエピソードから、笑いに含まれる攻撃性を理解するためには、笑われることが時に他者を傷つけることがあるということを理解する必要があると思われる。

本章では、このエピソードに基づき、たとえ笑い手に攻撃の意図がなくとも、笑いの対象となった相手を傷つけることがあるストーリーの紙芝居を用いた実験を通して、笑われることの不愉快さに対する幼児の理解について、感情理解、心の理論、言語能力に関する課題との関連から、笑いの攻撃性の発達に関する認知・感情発達的要因を明らかにする。

6.2 方法

課題は4種類に分けられる。「感情理解課題」「心の理論課題」「笑いの理解課題」「言語発達課題」である。すべての課題は、実験者（筆者）と子どもの個別面接により実施した。なお、本研究は、白梅学園大学・短期大学「人を対象とする研究」に関する研究倫理審査委員会の承認を得ている（申請番号 201410）。

6.2.1 感情理解課題（cf. Denham, 1986; 風間他, 2013; 東山, 2012）

「表情認識課題」および「感情命名課題（感情ラベリング課題）」を行った。

(1) 表情認識課題

「この中で嬉しい／怒っている／悲しい／驚いているお顔はどれですか？」と問い、呈示された表情図から適する顔を選択することを求めた。呈示順序は、(1) 喜び→怒り→悲しみ→驚き、(2) 驚き→悲しみ→怒り→喜びの2パターンとし、カウンターバランスをとった。適切な表情図を選択できた場合を1点、それ以外を0点とした。

(2) 感情命名課題（感情ラベリング課題）

呈示された表情図（喜び，悲しみ，怒り，驚き）について、「これはどんな時にするお顔かな？」と問い、回答を求めた。行動に関する回答や感情の方向性が分からないとき、および反応がなかった場合は「どんな気持ちかな？」と尋ねた。呈示順序は、「喜び」の際は、調査協力児から向かって左から「悲しみ・喜び・驚き」、「怒り」の際は「怒り・驚き・悲しみ」、「悲しみ」の際は、「喜び・悲しみ・怒り」、「驚き」の際は「怒り・喜び・驚き」とした。得点については、「喜び」は「うれしい」を、「怒り」は「怒る／怒っている」、「悲しみ」は「悲しい」、「驚き」は「びっくり」および「驚く／驚いている」を基準とした。それぞれの語の活用形で表現された語で答えた場合も含め2点とし、感情の方向性が当たっていれば1点とした。

また、「表情認識課題」および「感情命名課題（感情ラベリング課題）」のすべての得点を加算した得点を「感情理解得点」とした。

6.2.2　心の理論課題

（cf. 林, 2002; 藤野他, 2013; 東山, 2012; Wellman & Liu, 2004）

心の理論に関する研究で多く用いられている「サリー・アン課題」「スマーティ課題」、からかいの場面が出てくる「Real-Apparent Emotion (Hidden Emotion)」および笑いの親和性と攻撃性の両面から状況を理解することに関与すると思われる「二次的誤信念課題」を使用した。紙芝居で使用した図版および手続きは、「二次的誤信念課題」は林（2002）をそれ以外は東山（2012）に則り、各課題に子どもが答えた後に理由を尋ねる場合は「どうしてわかったの？」と聞いた。

ただし、得点化においては、確認質問、記憶質問、誤信念質問のすべてにおいて正答した場合を1点、それ以外を0点とし、すべての課題を加算した得点を「心の理論得点」とした。以下に、課題の内容を簡潔に説明する。

(1) サリー・アン課題

2名の女児が同じ部屋にいる。一方の女児（さっちゃん）がボールで遊んだ後、自分のかごにボールを入れ、部屋から出て行く。するともう一方の女児（あーちゃん）がボールを取り出して遊び、自分の箱に入れて部屋から出て行く。最初に部屋を出て行った女児（さっちゃん）が部屋に戻ってくる。つまり、最初に部屋を出て行った女児にとっては、自分が予期せぬ場所にボールが移動していることになる。しかし、それを当人（さっちゃん）は知らない。ボールで再び遊ぶためにどこを探すかを当事者（さっちゃん）の立場に立って答える課題である。

紙芝居を見た協力児はすべての流れを知っているが、答える際には予期せぬ場所にボールが移動していることを知らない者の立場に立って答えなければならない。事実とは異なる信念（誤信念）をもっている他者の信念について判断するという、一次的誤信念課題の代表的な課題である。

(2) スマーティ課題

スマーティというお菓子は日本の幼児には馴染みがないため、筒型のポテトチップスの入れ物を用いた。入れ物は、紙芝居に模した実物も見せ、最初に協力児に何が入っていると思うか問う。紙芝居では、ポテトチップスの箱から出てくるのは、ポテトチップスではなく鉛筆である。それを見た後、中身を知らない友だちが入れ物を見たら何と答えるかを問う。

紙芝居を見た協力児は入れ物の中に予想とは異なる意外な物（ポテトチップスではなく鉛筆）が入っているのを知っているが、そのことを他者は知らないという状況で、相手の知識を判断する課題である。この場合、自分の今の知識（入れ物には鉛筆が入っている）ではなく、それを知る前に思っていたこと（入れ物にはポテトチップスが入っている）を初めて入れ物を見た人は同じように考えるはずであるという判断が必要となる。

(3) Real-Apparent Emotion（Hidden Emotion）

他者が、実際の感情とは異なる表情を見せるかどうかを判断する課題である。

まず、「喜び」「中立」「悲しみ」の表情図を見せ、それぞれが「うれしいお顔」「平気なお顔」「悲しいお顔」であることを確認する。その後、後ろ向きの男の子の切り抜きと意地悪をしている友だち３人が描かれた絵を見せる。友だち３人のうち１人が、男の子に意地悪を言ったのを他の２人が笑うのだが、男の子は自分が感じている悲しい気持ちを隠したいと思っている。協力児は、男の子の本当の気持ち（悲しみ）と実際に見せるであろう表情（中立もしくは喜び）が異なることを答える課題である。なお、記憶質問のうち、意地悪を言ったときに笑ったことを記憶していることを問う質問に対する回答を得点化した。

(4) 二次的誤信念課題

一次的誤信念が「A は、X だと思っている」ことの理解だとすると、サリー・アン課題は「サリーは、自分のかごにボールがあると思っている」ことを理解しているかを問う課題である。一方、二次的誤信念とは「A は、“B は X だと思っている” と思っている」という入れ子構造となっている信念の理解であり、高次になるほど入れ子も増える。今回用いた二次的誤信念課題（林, 2002）は、一次的誤信念課題と基本的なストーリーは同じである。しかし、一点だけ異なることは、主人公が去った後に、部屋に残っている子が主人公の物を別の場所に移動したのを、主人公は窓から見ているのである。

つまり、サリー・アン課題に則って言い換えると、二次的誤信念課題は「アンは、“サリーは自分のかごにボールがあると思っている” と思っている」ことを理解しているかを問う課題となる。

6.2.3 笑いの理解課題（Figure 6.1 ～ 6.2）

笑いの理解課題の内容は、これまでの観察記録（観察１～５）で得られた実際のエピソードに基づき、保育の場面で起こりやすく、子どもたちが身近に感じられるストーリーとした。他者の失敗を見て攻撃の意図がなく笑ったことに対し、笑われた相手がその笑いを共有できなかったエピソードの紙芝居を作成し、差別につながるようなエピソード（例：生得的な身

①お弁当の時間です。たくや君は麦茶を運んでいます。

②ところが、たくや君は麦茶をこぼしてしまいました。
Q1. 今、たくや君はどんな気持ちかな？
(口頭で感情の確認をした後)
　せっかく麦茶運んでたのにこぼしちゃって残念な気持ちだよね、悲しいよね。悲しい気持ちになっちゃうよね。

③たくや君が麦茶をこぼしたのを、けいすけ君が見ていました。

④けいすけ君は、たくや君を見てアハハハと笑いました。
Q2. けいすけ君は、どんなお顔したかな？(表情図で確認)
Q3. けいすけ君は、どうして笑ったのかな？
Q4. たくや君は、この後どんなお顔するかな？
(表情図を指差してもらった後)
Q5. どうしてこのお顔すると思ったかな？

⑤たくや君は泣いてしまいました。
Q6. たくや君はどんなお顔したかな？(表情図で確認)
Q7. たくや君はどうしてこのお顔したのかな？
Q8. けいすけ君は、たくや君を笑って良かったかな？悪かったかな？
Q9. どうしてそう思う？
Q10. けいすけ君は、たくや君に何て言ってあげたらいいかな？

Figure 6.1　麦茶課題（男児版）（実際はカラー）

①ふゆこちゃんはお外で遊んでいます。お友だちが「ふゆこちゃーん」と呼んだので、ふゆこちゃんは急いで走っていこうと思いました。

②ところが、ふゆこちゃんは、石につまずいて転んでしまいました。
Q1. 今、ふゆこちゃんはどんな気持ちかな？
(口頭で感情の確認をした後)
　せっかくお友だちのところに急いで走っていこうと思ったのに転んじゃって、痛くて悲しい気持ちになっちゃうよね。

③ふゆこちゃんが転んだのを、えりちゃんが見ていました。

④えりちゃんは、ふゆこちゃんを見てアハハハと笑いました。
Q2. えりちゃんは、どんなお顔したかな？（表情図で確認）
Q3. えりちゃんは、どうして笑ったのかな？
Q4. ふゆこちゃんは、この後どんなお顔するかな？
(表情図を指差してもらった後)
Q5. どうしてこのお顔すると思ったかな？

⑤ふゆこちゃんは泣いてしまいました。
Q6. ふゆこちゃんはどんなお顔したかな？（表情図で確認）
Q7. ふゆこちゃんはどうしてこのお顔したのかな？
Q8. えりちゃんは、ふゆこちゃんを笑って良かったかな？悪かったかな？
Q9. どうしてそう思う？
Q10. えりちゃんは、ふゆこちゃんに何て言ってあげたらいいかな？

Figure 6.2　転倒課題（女児版）（実際はカラー）

体的特徴を笑う）にはならないように配慮した。

笑いの理解課題は、運んでいた麦茶をこぼしてしまう「麦茶課題」と、走って転んでしまう「転倒課題」の2種類とした。どちらも、それを見た他者に笑われ、笑われた子どもが泣いてしまうというエピソードである。ストーリーと質問について、「麦茶課題」および「転倒課題」をFigure6.1～6.2に示す。

「麦茶課題」は、麦茶をこぼしてしまったために心理的なネガティブ感情が生じるが、「転倒課題」は失敗した者（転倒者）に転んだことによる身体的な痛みが伴う内容である。2種類の課題には、笑う者と笑われる者の2人が登場するが、どちらも男児の場合（男児版）と女児の場合（女児版）のストーリーを用意し、「麦茶課題」が男児版の場合は、「転倒課題」では女児版を提示し、ストーリーの性別のカウンターバランスをとった。また、「麦茶課題」と「転倒課題」の提示順序についてもカウンターバランスをとった。

実験中は、幼児が紙芝居に集中できるように、幼児との自然なやりとりの中で進めていけるように設定した質問をしながら幼児の反応を記述し、紙芝居中の「アハハハ」と笑う場面では、読み手の笑い声の印象で幼児の回答が左右されないよう感情を込めずに淡々と読み進めた。

課題を実施する前に、感情命名課題（感情ラベリング課題）でその表情図が意味する感情語を確認した。使用した表情図をFigure6.3に示す。感情スケールは「喜び」「怒り」「中立」「悲しみ」「驚き」の5種類とし、感情理解課題と心の理論課題でも使用した表情図である。なお、「中立」の表情図の感情語は「平気」とした。

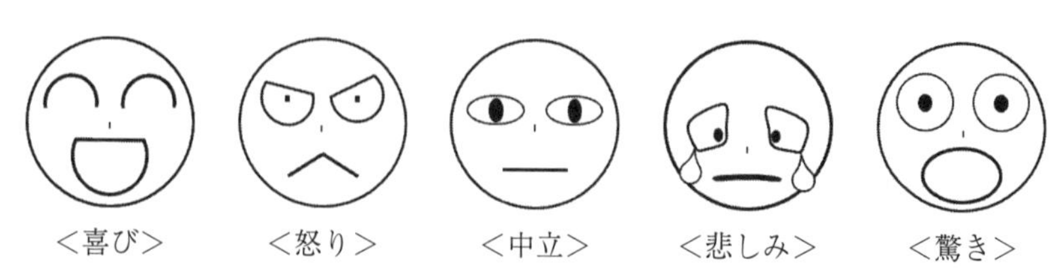

Figure 6.3　使用した表情図

課題を終了する際は、倫理的および教育的配慮として、笑いの理解課題の2題目の紙芝居が終わった後に、「何て言ってあげたらいいかな？」（Q.10）に対し、向社会的行動に関する答えをした幼児には同意して肯定的に返し、答えられなかった場合は一緒に考えながら「こういうときは笑わないで、『大丈夫？』って優しく声をかけてあげるといいよね」などの向社会的行動を示し、協力児がネガティブな感情のまま実験を終了しないように配慮した。

6.2.4　言語発達課題

上野・名越・小貫（2008）の絵画語い発達課題（Picture Vocabulary Test – Revised; PVT-R）を用いて、語彙発達年齢を算出した。PVT-R の適用範囲は3歳0か月から12歳3か月であり、音韻的理解と意味的理解を中心に、言語発達の基礎的な語彙理解力を測定する。最大の特徴は、言語的応答が不十分であっても、聞いた単語についてその単語が意味する図版を指し示すという検査方法を採っていることであり、日常的な動作で回答できることにある。発達や適応に何らかの問題がある子どもの多くが、言語発達を背景にもつ可能性があることを考慮し、その基本的検査として幼児から児童までさまざまな子どもたちに広く使用することができるのも、PVT-R の特徴である。

6.2.5　所要時間と実験日の設定

年長児4名（男児2名・女児2名）を対象にした予備実験にて、課題を一通り実施したところ、所要時間が約 40 ～ 45 分であり、1名は途中で休憩が必要であった。そのため、本実験では、2回に分けて実施することにした。1回目の実験は、感情理解課題および心の理論課題、2回目の実験は、笑いの理解課題および絵画語い発達課題（PVT-R）とした。協力園の責任者と相談の上、保育の妨げにならない日時に実施したため、2回目の実験は1回目の実験後の2週間以内を原則としたが、長期休み期間を挟んだ場合は 20 日以内とした。

6.2.6 協力児

対象児の選定には、筆者によるこれまでの観察や先行研究（e.g. 友定, 1993）より、笑われることの恥ずかしさが生じる時期および攻撃的笑いが見られる時期にあたる年少児から年長児クラスの幼児とした。

実験課題の内容に同意が得られた関東地方の郊外の幼稚園および保育所の2園で実施した。実施期間は、2014年12月中旬から2015年3月上旬であった。保護者には文書にて説明を行い、同意書への署名が得られた協力児は年少児12名、年中児13名、年長児16名であった。実験を実施する前には、必ず幼児の気持ちを確認し、拒否的であった場合は実施せず、後日改めて同意が得られた場合にのみ実施した。子どもたちからは「楽しかった」「またやりたい」「勉強になった」などの声が聞かれ、1回目の実験に拒否的であった幼児が、先に終了した子たちの「おもしろかった」と話す様子を見て、後日「やってみたい」と自ら参加することもあった。協力園からも実験終了後、子どもたちが楽しく取り組んでいたとの感想をいただいた。

すべての実験課題を実施できた幼児を分析対象児とした。分析対象児は、年少児11名（男児5名・女児6名）、年中児11名（男児4名・女児7名）、年長児16名（男児7名・女児9名）であった。生活年齢の平均年齢は、年少児4歳4か月（レンジ3歳10か月～4歳10か月）、年中児5歳4か月（レンジ4歳9か月～5歳9か月）、年長児6歳2か月（レンジ5歳8か月～6歳8か月）であり、語い年齢の平均年齢は、年少児4歳9か月（レンジ3歳0か月～6歳3か月）、年中児5歳8か月（レンジ3歳0か月～7歳7か月）、年長児6歳6か月（レンジ4歳10か月～7歳11か月）であった。なお、生活年齢および語彙年齢は、2回目の実験で実施した絵画語い発達課題（PVT-R）の結果に基づいている。

6.3 結果

幼児が笑われる不愉快さを理解しているか否かを検討するにあたり、本章では、失敗して泣く場面の前後の質問に対する幼児の回答に注目する。

失敗して笑われた場面を見た後、笑われた子について「この後、どんなお顔するかな？」「どうして、このお顔すると思ったかな？」を「感情予想質問（Q4, Q5）」とし、泣いてしまった場面を見た後に感情スケールで、紙芝居で笑われた子の表情が悲しみの表情であることを確認した後、「どうしてこのお顔したのかな？」と尋ねる質問を「感情結果質問（Q6, Q7）」とし、それらに対する幼児の回答を分析した。また、幼児が理由について述べる際、「悲しいから」と表情図に対する感情語を答えた場合は「どうして？」「なんで？」など、さらに理由を尋ねた。

感情予想質問で幼児が表情図を選択した理由として、「笑われたから」や「笑ったから」など笑いに言及した場合を１点とし、「麦茶課題」「転倒課題」ともに笑いに言及した場合（計２点）を「笑い帰属群」とした。同様に、感情結果質問についても、「笑い帰属群」は「麦茶課題」「転倒課題」ともに笑いに言及した場合とした（計２点）。また、感情予想質問および感情結果質問ともに笑いに言及した理由付けを行った場合は、「感情予想および感情結果笑い帰属」（計４点）とした。

感情予想質問および感情結果質問に対して、“笑い”に言及して回答した幼児について、笑い帰属群および非笑い帰属群に分けて人数をまとめた結果を Table6.1 に示す。

Table6.1　笑い帰属群の人数内訳

			感情予想質問		計
			笑い帰属群	非笑い帰属群	
感情結果質問	笑い帰属群	n	7	13	20
		%	18.42%	34.21%	52.63%
	非笑い帰属群	n	3	15	18
		%	7.89%	39.47%	47.36%
計		n	10	28	38
		%	26.32%	73.68%	100.00%

感情予想笑い帰属群は、全体で 10 名（26.3%）であり、年少児１名（年少児の 9.0 %）、年中児２名（年中児の 18.1 %）、年長児７名（年長児の

43.7%）であった。感情結果笑い帰属群は、全体で20名（52.6%）であり、年少児3名（年少児の27.2%）、年中児7名（年中児の63.6%）、年長児10名（年長児の62.5%）であった。

感情予想笑い帰属群は年長児に多く、感情結果笑い帰属群は、年中児と年長児が多かった。感情結果質問に対しては、約6割の年中児および年長児が泣いた理由を笑われたことに関連させて説明していた。

さらに、感情予想および感情結果笑い帰属群は、全体で7名（18.4%）であり、年少児1名（年少児の9.0%）、年中児1名（年中児の9.0%）、年長児5名（年長児の31.2%）であった。

なお、年齢別の内訳はTable6.2の通りである。

Table6.2　笑い帰属群の年齢別内訳

<table>
<tr><th rowspan="3"></th><th colspan="3" rowspan="2">N</th><th colspan="4">平均年齢</th><th colspan="6">笑い帰属群の人数と割合</th></tr>
<tr><th rowspan="2">生活年齢</th><th rowspan="2">レンジ</th><th rowspan="2">語彙年齢</th><th rowspan="2">レンジ</th><th colspan="2">感情予想</th><th colspan="2">感情結果</th><th colspan="2">感情予想
感情結果</th></tr>
<tr><th>男</th><th>女</th><th>計</th><th>N</th><th>%</th><th>N</th><th>%</th><th>N</th><th>%</th></tr>
<tr><td>3歳児</td><td>0</td><td>1</td><td>1</td><td>3歳10か月</td><td>-</td><td>4歳3か月</td><td>-</td><td>0</td><td>0.00%</td><td>0</td><td>0.00%</td><td>0</td><td>0.00%</td></tr>
<tr><td>4歳児</td><td>5</td><td>7</td><td>12</td><td>4歳6か月</td><td>4:0-4:11</td><td>4歳9か月</td><td>3:0-6:3</td><td>2</td><td>16.67%</td><td>3</td><td>25.00%</td><td>1</td><td>8.33%</td></tr>
<tr><td>5歳児</td><td>5</td><td>9</td><td>14</td><td>5歳7か月</td><td>5:2-5:11</td><td>6歳0か月</td><td>4:0-7:9</td><td>3</td><td>21.43%</td><td>8</td><td>57.14%</td><td>2</td><td>14.29%</td></tr>
<tr><td>6歳児</td><td>6</td><td>5</td><td>11</td><td>6歳4か月</td><td>6:0-6:8</td><td>6歳10か月</td><td>4:10-7:11</td><td>5</td><td>45.45%</td><td>9</td><td>81.82%</td><td>4</td><td>36.36%</td></tr>
</table>

本研究の協力園では、年少児、年中児、年長児でクラス分けがされており、それぞれのクラスに応じた幼児教育・保育が行われていた。実験期間は、例えば年長児クラスは、就学に向けた指導や行事が実施されていた。社会的笑いの社会文化的要因を考えた際、保育者のクラス別の指導計画が幼児に与える影響を鑑み、以降の分析はクラス別に行った。

感情予想の理由を笑いに帰属した笑い帰属群の理由をTable6.3に、非笑い帰属群のうち、麦茶課題と転倒課題ともに笑いに帰属しなかった幼児の理由をTable6.4に示す。笑い帰属群の感情予想質問については(Table6.3)、「笑ったから」「笑われたから」のように簡潔に回答する幼児がいる一方で、「笑われて悲しかったから」「人に笑われたら嫌な気持ちだから」など笑われることで生じるネガティブな感情に言及する幼児や、

「わざとじゃないのに笑われるのやだ」のように笑わせたいと思ったわけではないのに笑われると嫌な気持ちになることを予測してネガティブな表情図を選択する幼児もいた。

感情予想質問について、麦茶課題および転倒課題ともに非笑い帰属群だった幼児は年少児が多かった（Table6.4）。笑いに帰属せずに回答する幼児は、無回答であったり「分からない」と答える場合もあったが、「悲しいから」と予想した表情図が示す感情をそのまま答えたり、「口がぐにゃぐにゃだから」「これ（紙芝居の表情）と一緒」のように、紙芝居で示される表情をそのまま理由として述べたりしていた。また、「麦茶こぼれたから」「転んだから」のように笑いの対象となった行動に言及する場合もあった。

Table6.3　感情予想質問の理由の笑い帰属群の回答

	麦茶課題感情予想理由		転倒課題感情予想理由	
	感情予想	受け手の感情に関する質問	感情予想	受け手の感情に関する質問
年長児	悲しみ	笑ったから。	悲しみ	笑ったから。
	悲しみ	だって、笑ったから。	悲しみ	だって笑われたから。
	悲しみ	やな顔する。だって、人に笑われたら、嫌な気持ちだから。	悲しみ	人に笑われたら、なんかやな気持ちだから。
	悲しみ	笑ったから。	怒り	転んだのに笑われたから、怒ると思う。
	中立か悲しみ	〈中立予想の理由〉 だって泣いちゃおかしいから。泣いてる一って言われちゃうかもしれないから。 〈悲しみ予想の理由〉 だって、こぼした人がさ、笑ったら、悲しいから、泣きそう。こっち（悲しみの表情図）が心の中に入ってる。	怒り	えー、最初は負けた（麦茶課題で中立と悲しみの顔を選んだ）から。だって、笑ったから。当たるかなー。
	悲しみ	だって笑われたらいやだから。	悲しみ	だって、笑われたから。
	悲しみ	だって、わざとじゃないのに笑われるのやだ。アハハーって笑われるの。	悲しみ	だってさ、笑われるって嫌じゃん。
年中児	中立	笑われたから。	悲しみ	笑われたから。
	悲しみ	笑われたから。	悲しみ	笑われちゃったから。
年少児	悲しみ	だって、笑われて悲しかったから。	悲しみ	だって、笑われて悲しかったから。

Table6.4 感情予想質問の理由の麦茶課題および転倒課題ともに非笑い帰属群の回答

	麦茶課題感情予想理由		転倒課題感情予想理由	
	感情予想	受け手の感情に関する質問	感情予想	受け手の感情に関する質問
年長児	悲しみ	麦茶こぼしたから。	悲しみ	転んだから。
	悲しみ	ちょっと悲しいから。	悲しみ	だって、悲しい気持ちだから。
	悲しみ	悲しいから。	怒り	悲しいから。
	中立	だって、へっちゃらな顔してるから、すぐ分かっちゃう。	悲しみ	口がぐにゃぐにゃだから、泣きそうって分かる。テレビでもぐにゃぐにゃ。
	悲しみ	分からない。	悲しみ	分からない。
年中児	悲しみ	麦茶こぼれたから。	悲しみ	石につまずいたから。
	悲しみ	無回答	中立	無回答
	怒り	無回答	怒り	えっとー
年少児	悲しみ	こぼしちゃったから。	中立	分からない。
	悲しみ	だって、悲しいから。	悲しみ	悲しいから。
	驚き	言ったから。泣いてる顔に見えた。	悲しみ	だって悲しいから。
	中立	こんな顔しようとしてる。	中立	そういえば、これ（紙芝居の表情）と一緒だ。
	中立	さっき（転倒課題）と一緒だから。	中立	だって、もう大きくなったから。
	中立	そうだなーと思った。	悲しみ	そうだなーと思った。
	悲しみ	なんか分かるから。	−	分かんない。
	中立	無回答	悲しみ	無回答
	悲しみ	分からない。	悲しみ	無回答

一方、笑い帰属群の感情結果質問の回答（Table6.5）については、Table6.3と同様の回答も見られたが、「笑ってほしくなかった」のように笑われた側が笑われることを望んでいないという欲求について説明する幼児や、「笑った方が僕だって泣くよ」のように自分の身になって説明する幼児もいた。また、「転んだし、びっくりしたし、笑われたし」のように、転んだことも笑われたことも同じように泣く理由であると答える幼児もいたが、「石につまずいたのはお姉ちゃんだから大丈夫。でも、笑われたのが悲しかった」のように、笑われたことの方がより心理的苦痛が生じることを説明する幼児もいた。笑い帰属群においては年長児ほど、感情予想質問および感情結果質問ともに、人に笑われることによって生じるネガティブな感情について、具体的に説明しようとする傾向があった。

感情結果質問について、麦茶課題および転倒課題ともに非笑い帰属群

Table6.5　感情結果質問の理由の笑い帰属群の回答

	麦茶課題感情結果理由 受け手の感情に関する理由	転倒課題感情結果理由 受け手の感情に関する理由
年長児	だって、人に笑われたから。	人に笑われたから。
	笑っちゃったから。	笑われたから。
	だって、さきちゃんが笑ったから。さきちゃんが「お！」びっくりしてる。(あきこちゃんが)泣いて。	石につまずいたから、あ、ちがう！しょうた君が笑ったから。さっきと同じ。
	笑われて嫌だったから。	泣いて、笑われたから。
	だって、わざとじゃないのに、アッハッハッハーって笑われたから。	だってさ、笑われたから。
	悲しかったから。笑われて。笑われて悲しかった時、(自分も) あるよ。でも、ボクはあきらめなかった。怒られて泣いたけど、先生から怒られて泣いたけど、戻ってこられた。	当たっちゃった。笑われて悲しかった。石につまずいたのは、お姉ちゃんだから大丈夫。でも、笑われたのが悲しかった。
	笑ったから。	笑われて悲しかったから。
	笑われたから。	悲しいから。(「なんで？」) 笑われたり、石につまずいたから。
	笑われて嫌だったから。	転んだし、びっくりしたし、笑われたから。
	ショックだったから。(「何が？」)笑われたのが。	悲しかった。(「なんで？」) 笑われて。
年中児	笑われたから。	悲しかったから。(「何が？」) 笑われたのが。
	悲しかったから。(「どうして？」) 笑われて。	悲しかったから。(「なんで？」) 転んで、笑ったから。
	笑われて嫌な気持ちになったから。	お友だちに笑われて嫌だったから。
	悲しかったから。(「なんで？」) 笑ってほしくなかったから。	転んで痛かったのに笑ったからしか考えられないんだよー。
	笑われて悲しかったから。	笑われて。
	だって、笑ったくせだから。	だって、笑ったから。笑った方が僕だって泣くよ。
	悲しいから。(「なんで？」)だって笑われたから。	悲しかったから。(「なんで？」) 笑われたから。
年少児	だって、笑われて悲しかったから。	だって、笑われて悲しかったから。
	悲しいから。(「どうして？」) 笑ったから。	笑ったから。
	だってさ、この黄色い服を着てる人がさ、だって笑ったからだよ。	だってさ、だって悲しいから。(「なんで？」) だって、お友だちが笑ったから。

だった幼児は、感情予想質問と同様に年少児が多かった（Table6.6)。笑いに帰属せずに泣いた理由を説明する幼児は、紙芝居のこぼれた麦茶や転倒の原因となった石を指差したり、「麦茶、いっぱいこぼれたから」「転んじゃったから」「石につまずいたから」のように答えたりするなど、泣いた理由を笑われたことよりも、笑いの原因となった事物に帰属していた。また、「いじわるされたから」のように、他者の失敗を笑うということは

Table6.6　感情結果質問の理由の麦茶課題および転倒課題ともに非笑い帰属群の回答

	麦茶課題感情結果理由 受け手の感情に関する理由	転倒課題感情結果理由 受け手の感情に関する理由
年長児	(こぼれた麦茶を指差す)	(石を指差す)
	嫌だった。	悲しいから。
	いじわるされちゃったから。	いじわるされたから。
年中児	麦茶こぼれたから。	石につまずいたから。
	えーと、えとえと、ねー	えーとねー
年少児	これ（麦茶)、こぼしちゃったから。	転んじゃったから。
	麦茶、いっぱいこぼれたから。	転んじゃって、きーっとして、怒られてさー、泣いちゃったんだよ。
	びっくりしたから。(「なんで？」)だって、びっくりしたから。	泣いたから。(「なんで？」)石につまずいたから。
	無回答	痛いから。
	無回答	無回答

良くないことであるとネガティブに捉えてはいるものの、具体的に何が“いじわる”であるかを説明しない傾向もみられた。

笑われたことに対する感情予想の理由、感情結果の理由を笑いに帰属させて説明することについて（それぞれ、感情予想笑い帰属、感情結果笑い帰属)、生活年齢、語彙年齢、感情理解得点、感情ラベリング課題における各感情の得点、心の理論得点との関連を検討するため、相関分析を行っ

Table6.7　各項目の平均値、標準偏差およびレンジ

	平均値	標準偏差	レンジ
感情予想	0.81	0.83	0-2
感情結果	1.26	0.86	0-2
感情予想感情結果	2.07	1.45	0-4
生活年齢（月齢）	64.89	9.86	46-80
語彙年齢（月齢）	69.57	16.11	36-95
感情理解得点	10.15	2.39	0-12
喜び	1.52	0.68	0-2
怒り	1.42	0.82	0-2
悲しみ	1.60	0.63	0-2
驚き	1.63	0.78	0-2
心の理論得点	1.47	1.73	0-4

Table6.8　相関分析結果

	感情予想笑い帰属	感情結果笑い帰属	感情予想および結果笑い帰属	生活年齢	語彙年齢	感情理解	喜び得点	怒り得点	悲しみ得点	驚き得点	心の理論
感情予想笑い帰属	1										
感情結果笑い帰属	.484**	1									
感情予想および結果笑い帰属	.857**	.866***	1								
生活年齢	.412*	.411*	.477**	1							
語彙年齢	.252	.223	.275	.687***	1						
感情理解得点	.326*	.438**	.444**	.355*	.249	1					
喜び得点	.363*	.537**	.524**	.383*	.357*	.669***	1				
怒り得点	.155	.220	.218	.297	.235	.852***	.313	1			
悲しみ得点	.215	.293	.296	.088	-.035	.748***	.486**	.477**	1		
驚き得点	.306	.387*	.403*	.316	.226	.920***	.469**	.828***	.564***	1	
心の理論得点	.604***	.276	.508**	.554***	.597***	.274	.284	.196	.125	.290	1

***p<.001, **p<.01, *p<.05

た。感情予想笑い帰属、感情結果笑い帰属については、麦茶課題または転倒課題で「笑い」に言及した場合を１点とした。各項目の平均値、標準偏差およびレンジを Table6.7 に、相関分析の結果を Table6.8 に示す。

その結果、生活年齢は、感情予想の笑い帰属および感情結果の笑い帰属ともに正の相関がみられた（r=.412, p<.05; r=.411, p<.05）。また、感情予想の笑い帰属および感情結果の笑い帰属には、感情理解得点（r=.326, p<.05; r=.438, p<.01）と喜び得点（r=.363, p<.05; r=.537, p<.01）に正の相関がみられた。

一方で、感情予想の笑い帰属と心の理論得点に比較的強い正の相関がみられたが（r=.604, p<.001）、心の理論得点が生活年齢と語彙年齢と比較的強い正の相関がみられたことから（r=.554, p<.001; r=.597, p<.001）、生活年齢と語彙年齢を統制した偏相関分析を行った（Table6.9）。

Table6.9　偏相関分析結果（生活年齢と語彙年齢を統制）

	感情予想笑い帰属	感情結果笑い帰属	感情予想および結果笑い帰属	感情理解	喜び得点	怒り得点	悲しみ得点	驚き得点	心の理論
感情予想笑い帰属	1								
感情結果笑い帰属	.377*	1							
感情予想および結果笑い帰属	.824***	.835***	1						
感情理解得点	.212	.345*	.336*	1					
喜び得点	.253	.470**	.437**	.622***	1				
怒り得点	.040	.117	.095	.836***	.222	1			
悲しみ得点	.193	.274	.282	.777***	.520**	.485**	1		
驚き得点	.205	.300	.305	.911***	.399*	.810***	.575***	1	
心の理論得点	.504**	.105	.364*	.155	.012	.075	.184	.210	1

***p<.001, **p<.01, *p<.05

偏相関分析の結果、感情予想の笑い帰属と感情結果の笑い帰属に異なる傾向がみられた。笑われたことに対して、笑われた者にネガティブな感情が生じることを予測し、かつ、そのような感情が生じる理由を“笑い”に関連させて説明すること（感情予想笑い帰属）は、感情理解得点と有意な相関はみられず、心の理論得点と比較的強い有意な正の相関があった（r=.504, p<.01）。心の理論課題の各課題の通過率を笑い帰属群および非笑い帰属群で比較した結果を、Table6.10 ～ 6.11 に示す。

Table6.10　感情予想質問の笑い帰属群および非笑い帰属群の心の理論課題通過率（%）

	サリーアン	スマーティ	Real-Apparent Emotion	二次的誤信念
笑い帰属群（n＝10）	5（50.00%）	5（50.00%）	0（0.00%）	4（40.00%）
非笑い帰属群（n＝28）	6（21.43%）	2（7.14%）	1（3.57%）	0（0.00%）

Table6.11　感情結果質問の笑い帰属群および非笑い帰属群の心の理論課題通過率（%）

	サリーアン	スマーティ	Real-Apparent Emotion	二次的誤信念
笑い帰属群（n＝20）	6（30.00%）	4（20.00%）	0（0.00%）	3（15.00%）
非笑い帰属群（n＝18）	5（27.78%）	3（16.66%）	1（5.56%）	1（5.56%）

その結果、感情予想質問について特に笑い帰属群におけるサリーアン課題、スマーティ課題、および二次的誤信念課題の通過率が高い傾向が見られた。

笑われて泣いた結果を見た後に、笑われた相手が泣いた理由を“笑い”に関連させて説明すること（感情結果笑い帰属）は、心の理論ではなく、感情理解得点と比較的弱い有意な正の相関があった（r=.345, p<.05）。特に、感情ラベリング課題における喜び得点とは、比較的強い正の相関がみられた（r=.470, p<.01）。

また、感情ラベリング課題において、「驚き」の表情図へのラベリングと「怒り」の表情図へのラベリングで強い正の相関がみられ（r=.810, p<.001）、「驚き」の得点は、感情理解課題全体の得点ともっとも強い正の相関関係にあった（r=.911, p<.001）。

6.4　考察

笑いが起きたとき、たとえ、笑い手に攻撃の意図がないとしても、笑われた者はその笑いを不快に思うことがある。本章では、自分の失敗を笑われて泣いてしまうという２つの課題から、幼児期後期の子どもが笑われることの不愉快さを理解し、どのように説明するのか、感情理解、心の理論の課題との関連から、笑いの攻撃性の認知感情発達を検討した。

失敗を笑われた後の結果を予測することと、失敗を笑われて泣いた結果について、笑われたことによってネガティブな表情になる／なったと説明することは、生活年齢および感情理解と関連しており、正の相関関係にあった。心の理論は、笑われて泣くという場面を見る前に「笑われたから、うれしい顔はしない」という結果の予測と関連があった。また、結果の予測を笑いに帰属して説明した幼児と、起こった結果を見た後に笑いに帰属して説明した幼児の割合をみると、結果の予測を麦茶課題および転倒課題ともに笑いに帰属して説明した年少児と年中児は少なかった。

一方、笑われて泣いてしまうという起こった結果について、泣いた理由を笑いに帰属させて説明した幼児は、年中児および年長児では約６割であった。特に、結果の予測については、麦茶課題および転倒課題ともに非笑い帰属群だった幼児が年少児に多かったことから、「笑われて泣く」という場面を見る前に、「失敗を笑われることで、次の場面ではネガティブな感情状態になるだろう」という予測は、年中児や年少児には難しく、年少児にとっては、より難しい質問だったのかもしれない。ただし、年長児でも、笑いに帰属して感情を予測・説明した幼児は、年長児全体の約３割であり、今回のストーリーの内容から笑われたことと関連させて説明することは、幼児には容易な課題ではなかったことが示唆される。

心の理論課題の中でも、スマーティ課題や二次的誤信念課題と関連が見られたことは、何を意味しているのであろうか。一つの可能性として、今回作成した笑いの理解課題のストーリーとスマーティ課題および二次的誤信念課題との類似性が挙げられる。

スマーティ課題では、紙芝居を見た協力児は入れ物の中に意外な物が入っているのを知っているが、そのことを他者は知らないという状況で、相手の知識を判断する課題であった。この場合、自分の今の知識ではなく、それを知る前に自分が思っていたことを初めて入れ物を見た人は考えるはずであるという判断が必要となるが、意外な物が入っているのを見たとき、幼児の中で少なからず驚きのような情動反応があったことが予測される。また、二次的誤信念課題では、主人公が去った後に、部屋に残っている子が主人公の物を別の場所に移動したのを、主人公は窓から見ている。その場面で描かれている主人公の表情は「驚き」であり、課題のイラストには驚いて両手を挙げている様子が示されている。生活年齢および語彙年齢を統制しない場合、感情予想質問に対して笑いに帰属して次に起こることを述べることと、「喜び」の表情図に対する感情ラベリングに弱い正の相関がみられたが、感情理解得点とも弱い正の相関がみられ、特に感情理解得点は「驚き」の表情図に対する感情ラベリング得点と強い相関がみられたことから、「相手がうれしくない場面で笑う」という意外なストーリーを理解することが、笑いの不愉快さから生じる次の展開の予測に寄与した可能性が考えられる。

感情予想質問において、笑われたことに関連させて笑いの理解課題の2課題の結果を予測し説明した幼児は、年長児でも半数を満たなかった。「笑われたことが原因で泣く」という展開は、幼児にとって予測しにくいものであったと思われる。それは、感情結果質問で笑いの不愉快さを説明した幼児が年中児以上では約6割になることからも、笑われて不愉快な気持ちになるということについては、「泣いた」という結果を見ると笑いと関連させて理解しやすいが、結果を見ないうちは理解しにくいことが考えられる。

今回の笑いの理解課題は、「笑われたことが原因で泣く」という意外なストーリーであったことが示唆されるが、この点については、さらに実験内容を検証し、検討していく必要がある。

笑いの対象となった相手が、笑われたことで傷ついて泣いてしまったという結果を見て、笑いに帰属させて説明することは年中児以上ではチャンスレベルを越えていた。そして、感情理解課題との関連がみられたことから、笑われて泣いたという結果を見て、笑いの不愉快さを理解することは年中児以降になるとできるようになる幼児が増えること、それは他者の感情理解と関連があることが示された。感情理解得点は「驚き」の表情図に対する感情ラベリング得点と、もっとも強い相関がみられており、実際、年長児の中には「さきちゃんが『お！』びっくりしてる。」と、笑った者が相手が泣いてしまって驚いていることを紙芝居の絵から推測して答える幼児もいた。また、喜びの表情を「うれしい」とラベリングすることも、笑われて泣いた結果を見た後に、笑われる不愉快さが直接の原因であることを説明することに関連していた。幼児が笑いの表情を見て「うれしい」と思うのかが、笑われる不愉快さを理解する要因を検討する際に、重要になってくるのかもしれない。

以上のことから、「笑われて泣く」という結果に対して笑われる不愉快さを説明することの方が、「笑われた」という結果のみから笑われる不愉快さを説明するよりも容易であるが、年少児ではどちらも難しいということが言えると思われる。また、他者が笑われた場面を見た際に、笑いを向けられた相手の感情を予測し、笑われたことに帰属させて説明することと、笑いを向けられた相手が泣いてしまった状況を見たときに、泣いた理由を笑われたことに帰属させて説明することは、認知的に異なる処理が行われており、笑われた側の感情から結果を予測し説明することは二次的誤信念のような高次の心の発達との関連がみられるなど、結果の予測に対する説明と結果に対する説明には、発達のプロセスに差異がある可能性が示唆される。

一般に、社会的行動を行う理由は2つあり、1つは他の個体がすることに影響を与えるために行動するものであり、もう1つは他の個体が信じる内容に影響を与えるために行動するものであるが、後者の行動だけが心の理論に関連した行動であり、その存在の証拠となる（プリマック, 1988/2004)。笑いを向けられた相手が生起した不愉快な感情を「笑われて泣く」という結果を見る前に「笑われたことによる不愉快さ」を説明できる幼児と、笑われて泣いた結果を見た後に泣いた理由を笑われたことに帰属させて説明できる幼児では、他者が信じる内容、つまり他者の信念の捉え方が異なっていることも考えられる。

森野・早瀬（2005）は、心の理解の発達について、感情理解の側面が先に発達し始めた後に心の理論の側面が発達し始める可能性を鑑み、幼児に見られる葛藤場面での大人の言葉かけについて、発達に応じた対応の重要性を指摘している。たとえば、年少児では感情理解に特徴づける言葉かけをし（例：「○○ちゃんは△△ちゃんからおもちゃを取り返したのね。でも、△△ちゃん泣いているよ、遊ぶおもちゃがなくなって悲しいんだって。」)、年長児では心の理論の発達につながるような言葉かけ（例：「○○ちゃんは△△ちゃんが自分のおもちゃを取ったと思ったから△△ちゃんからおもちゃを取り返したのね。でも、△△ちゃんがこのおもちゃで遊んでいたのは、○○ちゃんがもうこのおもちゃいらないのかなって思ったからなんだって。」）をすることの有効性について提案している。

本研究では、年長児と比較して、年少児および年中児には「笑われて泣く」という結果に対して笑われる不愉快さを説明することが難しく、高次の心の理論の理解と関連する可能性が示唆された。また、年少児にとっては、「笑われた」という結果のみから笑われる不愉快さを説明することも難しく、感情理解において特に喜びの表情を「うれしい」と帰属することと関連することが示された。このことは、笑いの親和性と攻撃性の意味を理解する過程にある幼児が、自分の笑いによって思いがけなく相手が泣いてしまった場合に、年少児、年中児、年長児それぞれの発達によって解釈が異なり、大人もまた、幼児の発達に合わせて対応をする必要があることが意味していると思われる。

保育所保育指針（厚生労働省, 2008a, 2017）や幼稚園教育要領（文部科学省, 2008, 2017）では、規範意識や道徳性を含めた心の教育が重視されている。幼児期は、集団生活を送る中で、けんかやいざこざを通して他者と自分の思いの違いが少しずつ理解できるようになってくる時期であり、生活や遊びをスムーズにするための決まりやルールに気づき、規範意識を身につける大切な時期である（厚生労働省, 2008b）。幼児期における攻撃的笑いの発達を笑いの親和性と攻撃性の意味を獲得する過程から幼児の心の理論および感情理解の発達を明らかにすることで、幼児期における心の教育の在り方を考える視点を提供することにもつながるのではないかと思われる。

例えば、実験で使用した「笑われて泣く」というエピソードは、実際の幼児の観察で見られたエピソードに基づいて作成した。その際、相手への親しみから笑った幼児は、自分の笑いによって相手が傷つくことに戸惑い、その理由が分からなければ、笑った幼児自身も傷ついてしまうことがある。保育者等の大人は、両者の思いに配慮しつつ、笑いに対する自分と他者の思いの違いが生じたとき、なぜこのようなことが起きたのかを考えることを促すことで、幼児が笑いの親和性と攻撃性に気づくきっかけをつくり、幼児が他者の内面に思いを寄せる機会につなげることもできると思われる。

本章の実験結果では、特に年少児にとって、笑われて泣いた子どもの気持ちを笑いに帰属させて考えることが難しいことが示唆された。よって、保育者等の大人が「○○ちゃん／君は笑ったけど、△△ちゃん／君は、どうして泣いたのかな？」と尋ねることで、自分自身で相手の感情を考えるように促すことは年中児以降の幼児には比較的可能な対応かもしれないが、年少児には「○○ちゃん／君は、おもしろいと思って笑ったかもしれないけど、△△ちゃん／君は、笑っていないよ。悲しい顔をしているよ。△△ちゃん／君は、おもしろいと思っていないみたいだよ。」などのように、具体的に笑われた幼児の感情に焦点を当て、言葉をかける必要があるように思われる。

本章では、笑われて泣く場面の前後の質問に対する幼児の回答から、幼児が笑われる不愉快さを説明できるかどうかという感情認知的要因に焦点を当てて考察した。今後、その他の質問結果も併せて検討した上で実験課題を改善し、さらに検証した上で、保育実践に繋げていく必要があろう。

【付記】　本章の一部は、日本笑い学会第22回総会・研究発表会、日本発達心理学会主催2015年度国際ワークショップ、および平成28年度名古屋女子大学教育・基盤研究助成を受けICP2016 YOKOHAMA The 31st International Congress of Psychologyで発表しました。

第７章　笑いの不愉快さの経験と「笑い」のイメージ

前章までに、幼児期では、他者との親和的・受容的関係の下で笑いを表出する一方で（観察１～２)、少ないながらも攻撃行動とともに笑いを示すこともあること（観察３～４)、社会的に望ましくない笑いは幼児期の集団生活の中でも暗黙裡に大人によって統制されること（観察5)、さらに、笑われる不愉快さについての理解は幼児期後期に次第に深まっていくこと（第６章）を述べた。

コミュニケーションにおける笑いには、雰囲気を明るくし、人間関係を円滑につないでいこうとする「協調」としての笑いがある一方で、笑った方が優越感に浸り笑われた方が惨めな思いをする「攻撃」としての笑いという二つのタイプがあり、社会的笑いは協調性および攻撃性として機能する（井上, 1984, 1994, 1997)。社会的笑いの協調としての機能は、子どもが幼い頃から、大人から笑顔を向けられることで自分自身が承認され、認められるという体験を重ね、次第に子ども同士での交流もできるようになっていくという過程の中で（友定, 1993, 1999a)、発達していくものであると考えられる。

第４章でみたように、人と人をつなぐ機能として働いていた笑いは、幼児期以降、攻撃としても機能するようになる。観察３～４や友定（1993）によると、子どもの世界が広がるにつれ、子どもは、集団の規範からのずれを理解し、笑われることを気にするようになるだけでなく、自分より劣った他者を笑うという嘲笑のような攻撃的意味を持ち合わせた笑いを見せるようになっていく。このような笑いは、人と人との関係を切る笑いである。発達過程において、笑いは人と人とつなぐ協調性とともに、人と人との関係を絶つ攻撃性という二面性をもつように社会化されていくと言える。

幼児期以降、笑いには攻撃的側面があることを経験し、理解するようになる。それでは、「笑い」という言葉を見聞きしたとき、人はどのようなイメージを抱くようになるのだろうか。大人になるにつれ、「笑い」という言葉から親和的なイメージとともに否定的なイメージも等しく思い浮かべるようになるのであろうか。幼児期以降、児童期、思春期を通して笑いが常にポジティブに機能するわけではないことを経験する機会が増えていくと思われるが、そのような不快な笑いの経験は笑いのイメージ形成に影響を与えているのであろうか。

本章では、社会的笑いの発達の複雑性と多様性を笑いの攻撃的側面から検討するため、不愉快な笑いの経験を想起する者としない者とで「笑い」の捉え方に差異があるのかを、青年期を対象にした調査から明らかにする。「笑い」から思い浮かべる言葉に関する質問紙調査を通して、人が抱く「笑い」のイメージに関する不快な笑いの経験の影響について検討する。

7.1 「笑い」のイメージのカテゴリー化

7.1.1 目的と方法

「笑い」のイメージについて、カテゴリー化するため、2009年7月、質問紙調査を行った。18歳～25歳の日本人大学生および大学院生142名（男性88名，女性54名；$M = 19.26$，$SD = 1.49$）に対し、「あなたは「笑い」から、どのような言葉を思い浮かべますか。1つ以上書いてください。」という質問について回答を求めた。記入欄には言葉を6つまで挙げられるようにした。挙げられた言葉は、KJ法にしたがって筆者を含めた2名により独立に分類した後、各カテゴリーの定義を確認し、命名した。

なお、調査は、研究目的に同意が得られた教員の授業終了後もしくは授業中の差し支えのない約15分間で実施した。学生には、研究の目的を書面および口頭で説明し、授業の成績には一切関係がないこと、データは全て匿名で処理し、研究に必要がなくなった時点で破棄すること、答えたくない質問には答えなくてもよいこと、質問紙への記入を以て研究への同意とみなすことを伝えた。

7.1.2 結果

挙げられた言葉の数の平均は、一人あたり 2.80（SD = 1.73）であった。挙げられた言葉すべてをカテゴリー化した結果、①肯定的比喩、②媒体／人物／芸／文化、③笑わせる技術、④表情／音声、⑤日常生活／効果、⑥身近な他者、⑦色、⑧哲学、⑨生理学、⑩記号、⑪否定的比喩、⑫分類不能、⑬特になし、という 13 カテゴリーに分けられた。カテゴリーとその意味、および挙げられた主な言葉を Table7.1 に、協力者が一番初めに挙げた言葉についてカテゴリー別に分類し、割合を求めた結果を Figure7.1 に示す。なお、笑いに対する否定的な言葉や不快感情の表れとみなされる言葉については、どのカテゴリーに属する場合でも、笑いの攻撃性に関連する言葉として『否定的比喩』に分類した。例えば、『表情／音声』に含まれると考えられる「嘲笑」や「冷笑」、『日常生活／効果』に含まれると考えられる「馬鹿にする」「皮肉」といった表現なども、すべて『否定的比喩』のカテゴリーに属する言葉とした。

全体として『肯定的比喩』に関する言葉を挙げる割合がもっとも大きく 42.25％、次いで『媒体／人物／芸／文化』（24.65％）が多かった。また、『否定的比喩』に属する言葉を一番目に挙げる割合は、2.82％であった。

ただし、今回の調査では言葉を挙げた理由を求めなかったため、協力者の意図を捉えられないという問題が残った。例えば「難しい」という言葉からは、笑いが場合によっては人に誤解を与えることがあるために笑いを肯定的に思えないのか、笑わせる技術としての難しさなのか、明確にできなかった。言葉を挙げてもらう質問には、理由を求める記述欄を設ける必要があることが課題として残った。

次に、「笑い」という言葉から思い浮かぶものを 6 つまで挙げるように求めた際、人は具体的にはどのような言葉を多く思い浮かべるのか、特に

Table7.1 「笑い」のイメージのカテゴリーと意味、および主な言葉の例

カテゴリー	意味	主な言葉の例
肯定的比喩	笑いから生まれるポジティブ感情に関する言葉	楽しさ，幸せ，愛，面白い，喜び，明るい，うれしい，元気，和み，親しみ
媒体／人物／芸／文化	笑い（お笑い）を発信するメディア、職業としている人物や芸、大多数と楽しめる娯楽、笑えるユーモア刺激に関する言葉	芸人，吉本，お笑い，上沼恵美子，エンターテイメント，テレビ，番組，笑点，笑いの大学，一発芸，漫才，コント，落語，下ネタ，ジョーク
笑わせる技術	人を笑わせるために必要だと思われる技術、能力や笑いが起こるための要因に関する言葉	天然，テンポ，ノリ，ボケ，リズム，空気を読む，共感，話術，自然，知性
表情／音声	笑ったときの表情や発せられる声に関する言葉	笑顔，苦笑い，微笑，爆笑，笑い声，ハハハハ，愛想笑い
日常生活／効果	日常生活のコミュニケーションや、笑いをコミュニケーション手段として用いることで得られる効果に関する言葉	コミュニケーション，会話，人との距離が縮まる，お世辞，からかい
身近な他者	笑いを共有する相手で、自分にとって身近に感じる存在に関する言葉	友だち，パートナー，子ども，祖母
色	笑いを色で表現した言葉	黄色，オレンジ色
哲学	抽象的な概念や格言のような先人たちの知恵、言い伝え、諺に関する言葉	人生，エロス，夢，人間らしい，本能
生理学	笑いに関連する身体の基本的な機能や仕組み、健康に関する言葉	副交感神経，リラックス，ガン，涙，健康に良い，ストレス発散
記号	笑いを表す記号	ww，♪
否定的比喩	笑いから生まれるネガティブ感情に関する言葉	アホ，偽，バカ，うるさい，悪巧み，下品，嘲笑，失笑，冷笑，皮肉，ばかにする
分類不能	特定できなかった言葉	直明，気づけばいつか・・・
特になし	思い浮かばなかったことを表した言葉や記述がなかったもの	なし，特になし

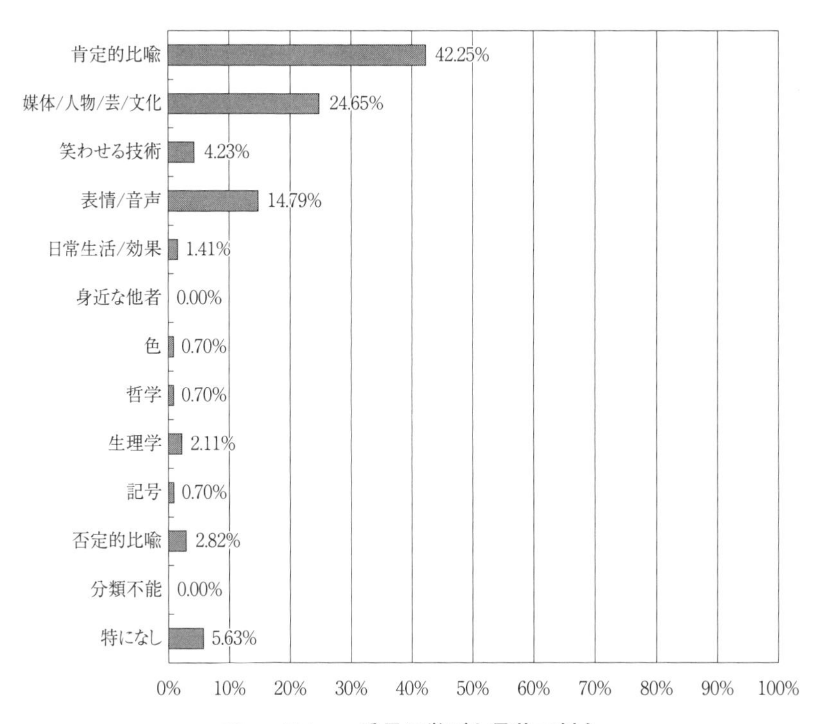

Figure7.1　一番目に挙げた言葉の割合

どのような言葉が真っ先に思い浮かぶのかを整理した。どのような順序で思い浮かべるかが重要であると考え、最初に思い浮かんだ語を6点、次に思い浮かんだ語を5点とし、1点から6点で処理した合計得点、思い浮かべた人数をまとめた。「幸せ」を表す際に、「幸福」「幸」「福」など複数の表現がみられるものについては、同じ表現として扱った。また、分類不能は除いた。その結果、141種類に分けられた。

得点が高い上位20位と人数の内訳および協力者142名の言葉に対する割合をTable7.2に、すべての言葉の内訳をTable7.3に示す。

141種類のうち、96種類が1名のみ挙げた言葉であった。大半の者が、「笑い」から思い浮かぶ言葉として、笑いを否定的に捉える表現は挙げていなかった。一番多かったのは「楽しさ」、二番目に「幸せ」を表す言葉

Table7.2 「笑い」のイメージの 20 位までの言葉と挙げられた言葉に対する割合

得点順	「笑い」から思い浮かぶ言葉	合計得点	人数	割合
1	楽しい，楽しさ，楽	255	48	33.80%
2	幸福，幸せ，福，幸	134	26	18.30%
3	お笑い芸人，芸人	118	24	16.90%
4	芸人名，企業名，キャラクター名，番組名などの固有名詞	104	27	19.01%
5	笑顔，微笑，smile	102	19	13.38%
6	面白い	67	13	9.15%
7	明るい，明るさ	63	17	11.97%
8	うれしい	42	8	5.63%
9	喜び，喜	37	7	4.92%
10	テレビ	35	8	5.63%
11	愛	28	5	3.52%
12	元気	23	5	3.52%
13	ボケ	21	5	3.52%
14	ツッコミ	20	6	4.22%
15	愛想笑い，愛想	19	4	2.81%
16	友だち，友人，友情	19	5	3.52%
17	苦笑い，苦笑	18	4	2.81%
17	爆笑	18	4	2.81%
19	バラエティ番組，番組	17	3	2.11%
20	コミュニケーション，会話	16	5	3.52%
20	嘲笑，バカにする，バカにされている	16	3	2.11%
20	和み，和やか	16	3	2.11%

を挙げる者が多く、これら 2 つの言葉を合わせると挙げられた言葉全体の約 5 割を占めていた。

否定的比喩に属するネガティブな言葉である「嘲笑」については、「バカにする」「バカにされている」を含めると 142 名中 3 名が挙げており、「バカ」「アホ」はそれぞれ 2 名が挙げていた。

7.2 「笑い」のイメージと不快な笑いの経験との関係

7.2.1 目的

前節では、「笑い」という言葉から思い浮かべるイメージをカテゴリー

Table7.3 「笑い」のイメージの各言葉を挙げた人数

人数	「笑い」から思い浮かぶ言葉
48名	「楽しい，楽しさ，楽」
27名	芸人名，企業名，キャラクター名，番組名などの固有名詞
26名	「幸福，幸せ，福，幸」
24名	「お笑い芸人，芸人」
19名	「笑顔，微笑，smile」
17名	「明るい，明るさ」
13名	「面白い」
8名	「うれしい」「テレビ」
7名	「喜び，喜」
6名	「ツッコミ」
5名	「愛」「元気」「ボケ」「友だち，友人，友情」「コミュニケーション，会話」
4名	「愛想笑い，愛想」「苦笑い，苦笑」「爆笑」「健康，健康に良い」
3名	「センス」「嘲笑，バカにする，バカにされている」「泣き笑い」「和み，和やか」「バラエティ番組，番組」「へいわ，peace」「漫才」「ユーモア」
2名	「あたたかい，心があたたかくなる」「アホ」「お笑い」「子ども」「コント」「親しみ」「下ネタ」「大丈夫大丈夫，やっちまったなぁ」などの具体的なギャグ「ネタ」「バカ」「波長，フィーリング」「福笑い」「本，ギャグ漫画，マンガ」「難しい」「友好」「笑い声，ハハハハ」「ww，♪」などの記号
1名	「安心」「一発芸」「偽」「癒し」「ウケ」「うそ笑い」「うまく」「うるさい」「うんこ」「えくぼ」「エロス」「援助」「エンターテイメント」「円満」「大喜利」「大声」「大らか」「大笑い」「おかしい」「お世辞」「オレンジ色」「解放」「顔」「活気」「からかい」「ガン」「黄色」「奇行」「ギャグ」「共感」「協調」「空気を読む」「下品」「心地よい」「快い」「滑稽」「言葉」「楽」「サークル」「敷居の低さ」「自然」「失笑」「社交辞令」「写真」「正直」「ジョーク」「人生」「親密」「素敵」「ストレス発散」「すべる」「世界共通」「祖母」「ダジャレ」「知性」「疲れる」「テンション」「天然」「テンポ」「仲良し」「涙」「にぎやか」「人間らしい」「ノリ」「パートナー」「はじける」「話」「腹が痛くなる」「人との距離が縮まる」「皮肉」「副交感神経」「ポジティブ」「ほどほど」「ほのぼの」「本能」「間」「満足」「無害」「安らぎ」「やわらかい」「裕福」「豊か」「油断」「夢」「陽気」「落語」「リズム」「流行」「リラックス」「冷笑」「劣位」「輪」「話術」「笑い上戸」「くるしい（笑って誤魔化す）」「悪巧み」

化した。日常生活におけるコミュニケーションの手段の一つとされる笑いは、協調性と攻撃性という性質を含んでいる（井上, 1984 他）。前節で挙げられた言葉にも、「友情」（5名）、「和み，和やか」（3名）、「親密」（1名）、「輪」（1名）など他者とのあたたかいつながりをイメージさせる言葉が挙げられている一方で、「嘲笑，バカにする，バカにされている」（3名）、「冷笑」（1名）、「悪巧み」（1名）、「皮肉」（1名）のように他者に与える不愉快さをイメージさせる言葉も挙げられていた。

確かに、笑いは喜びの表情とされており、特に、子どもは、第3章でみたように他者との親和的で受容的な関係のもとで笑いを示す。幼児期以降も笑いは人と人との重要なコミュニケーションの手段として機能し続ける。したがって、「笑い」という言葉から多くの者がポジティブな言葉を思い浮かべるのは、当然のことかもしれない。しかし、「笑い」から思い浮かべる言葉についてポジティブな語が上位になるのは、笑いの攻撃性が日頃意識されないだけでなく、笑いの不愉快さを経験もしていない者が多いという可能性も考えられる。また、笑いに含まれる攻撃性を認識している者であっても、「笑い」に対しては肯定的なイメージを抱きやすいということも考えられるだろう。

以上のことから本節では、笑いの攻撃性に関連すると思われる笑いに対する不快な経験の有無が、「笑い」のイメージに与える影響について検討する。

7.2.2　方法

① 分析対象者

2010年7月、「笑い」のイメージと不快な笑いの経験の関係を明らかにするため、質問紙調査を行った。質問紙調査は大学生196名を対象に行い、そのうち留学生と回答に不備のあった者を除いた日本人大学生を分析の対象とした。分析対象者は、18歳～23歳の大学生183名（男性83名，女性100名；M = 19.18, SD = 1.15）であった。なお、調査は、研究目的に同意が得られた教員の授業終了後もしくは授業中の差支えのない約15分間で実施した。学生には、研究の目的を書面および口頭で説明し、授業の成績には一切関係がないこと、データは全て匿名で処理し、研究に必要がなくなった時点で破棄すること、答えたくない質問には答えなくてもよいこと、質問紙への記入を以て研究への同意とみなすことを伝えた。

② 質問項目

笑いに関する不快な経験の有無を尋ねる質問、および笑いのイメージを尋ねる質問を設定した。不快な笑いの経験の有無に関する質問は「あなたはこれまで、笑いに関して不快に思った経験をしたことがありますか。」とし、不快に思った経験が「ある」と答えた者には「それはいつ頃ですか。」と尋ねた。不快な笑いの経験をした時期については、「幼児期」「小学生」「中学生」「高校生」「大学入学後〜つい最近」「その他」の計6項目を設け、当てはまる時期の回答を求めた（複数回答可）。

また、「どんな笑いに対して不快に思いましたか。差し支えなければ、そのときの経験をご記入ください。」と実際に経験した不快な笑いのエピソードについて、任意による記述も求めた。記述されたエピソードの内容については、KJ法にしたがい筆者を含めた2名により独立に分類した後、各カテゴリーの定義を確認し、命名した。その後、もう一度、全てのエピソードについて2名が独立に分類し、カテゴリー名を決定した。

笑いのイメージを尋ねる質問は「あなたは「笑い」から、どのような言葉を思い浮かべますか。どんな言葉でも結構ですので、はじめに思いついた言葉から3つ書いてください。差し支えなければ、理由もお書きください。」とした。挙げる言葉を3つまでに限定した理由は、前節の調査で挙げられた言葉数の平均値が2.80だったことによる。本調査では、前節で残された課題を考慮し、言葉を挙げた理由も任意で求めた。得られた言葉は、前節の調査でカテゴリー化した結果にしたがい、筆者を含めた2名により分類した。

本調査においては言葉を挙げた理由も任意で求めたため、前節の調査で挙げた言葉と共通していても、記述された理由によっては異なるカテゴリーに分類した。例えば、「難しい」という言葉について、理由が「自分は笑いを取るのが得意ではないから。」であった場合は、他者を笑わせることができないというネガティブ感情につながる回答者の苦手意識の表現であるとして『否定的比喩』に分類した。理由が「笑いを取る、ということは高度なことだから。」であった場合は、他者を笑わせるために必要な技術や能力の高さに言及した言葉であるとして『笑わせる技術』に分類した。

7.2.3 結果

① 不快な笑いの経験

男女別および全対象者について、不快な笑いの経験の有無の割合を求めた（Table7.4）。男性の55.42％、女性の59.00％、全体では57.38％が不快な笑いの経験をしていた。よって、半数以上の者が、不愉快な笑いの経験があるという回答が得られた。なお、χ^2検定の結果、不快な笑いの経験の有無に、男女の差はみられなかった。

Table7.4　不快な笑いの経験の有無

不快な笑い経験	男性	女性	計
有	46（55.42%）	59（59.00%）	105（57.38%）
無	37（44.58%）	41（41.00%）	78（42.62%）
合計	83（100.00%）	100（100.00%）	183（100.00%）

② 不快な笑いの経験の時期

不快な笑いの経験をした時期について検討するため、笑いに対して不快な思いをした時期別に割合を求めた。複数回答であったため214の回答が得られた。調査対象者全体の183名のうち、不快な笑いの経験がある時期として「幼児期」を挙げる者が7名（3.82％）、「小学生」が38名（20.76％）、「中学生」が61名（33.33％）、「高校生」が62名（33.87％）、「大学入学後～つい最近」が41名（22.40％）、「その他」が5名（2.73％）であった。思春期にあたる中学生から高校生の時期に不愉快な笑いの経験をしたと答える割合が、全体の6割以上を占めていた。また、少ない割合ではあるが、幼児期を挙げる者もいた。

調査対象者全体の183名のうち、不快な笑いの経験を思い出す時期として、「幼児期」のみを挙げた者は1名（0.54%）、「小学生」のみを挙げた者は7名（3.82%）、「中学生」のみを挙げた者は16名（8.74%）、「高校生」のみを挙げた者は14名（7.65%）、「大学入学後〜つい最近」（Figure7.2では「大学生」）のみを挙げた者は8名（4.37%）であり、思春期にあたる中学生および高校生の時期を挙げた者が多かった。「その他」のみを挙げた者の回答は、「いつも・定期的」（2名（1.09%））、「忘れた」（1名（0.54%））であった。よって、不快な笑いの経験を思い出す最初の時期として、思春期にあたる中学生および高校生の時期のみを挙げた者（30名（16.39%））が多い傾向がみられた。

不快な笑いの経験をした105名のうち、不愉快な笑いを経験した時期として、複数回答しなかった者は49名（46.66%）であった。各時期の言及人数を複数回答者と一時期のみを挙げた回答者に分けた内訳をFigure7.2に示す。

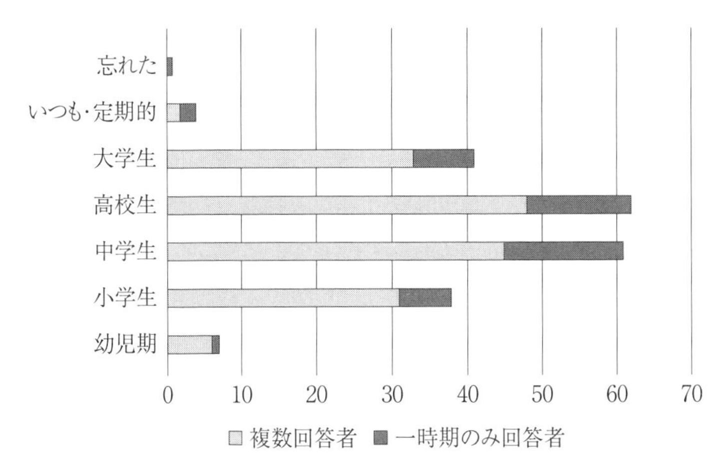

Figure7.2　不快な笑いの経験時期の言及人数

不快な笑いの経験をした105名のうち複数回答の時期を挙げた者は、57名（54.28%）であった。「その他」を選択した2名を除いた55名が選択した時期の組み合わせは、8種類で「幼児期〜中学生」「幼児期〜大学生」「小学生および中学生」「小学生〜高校生」「小学生〜大学生」「中学生および高校生」「中学生〜大学生」「高校生および大学生」であった。組み合わせごとの人数の結果をFigure7.3に示す。

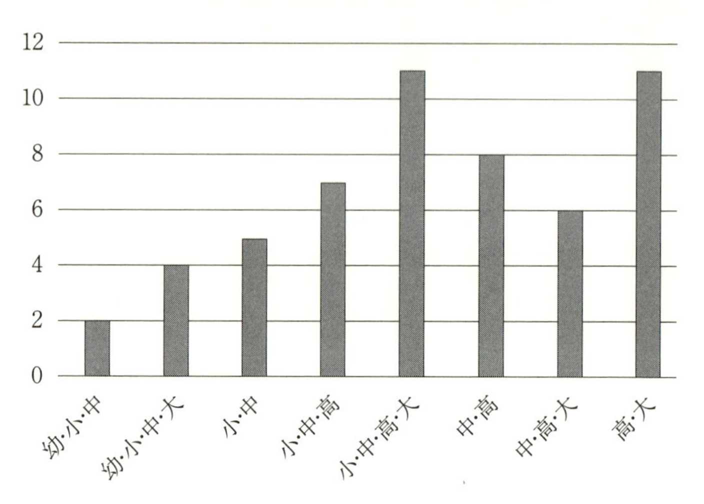

Figure7.3　複数回答の組み合わせおよび人数

複数回答者57名のうち「幼児期〜中学生」を挙げた者は2名、「幼児期〜大学生」は4名、「小学生および中学生」は5名、「小学生〜高校生」7名、「小学生〜大学生」は11名、「中学生および高校生」8名、「中学生〜大学生」6名、「高校生および大学生」は11名であった。どの組み合わせにも、中学生もしくは高校生、またはその両方が含まれていた。

③ 不快な笑いのエピソード

不快な笑いの経験が「ある」と答えた対象者が記述した笑いのエピソードを分類した結果、①愛想笑い、②嘲笑・冷笑、③いじめと感じる笑い、④不愉快なネタ、⑤メディアにおける笑い、⑥孤立を感じる笑い、⑦場に馴染まない笑い、⑧特定の相手の笑い、⑨誤解、の9カテゴリーに分類された。カテゴリーとその意味、および主なエピソードの例を Table7.5a ～ d に示す。

Table7.5a　不快な笑いのエピソード例

カテゴリー（意味）	エピソード例
愛想笑い （他者や周りの雰囲気に合わせるためだけの笑い）	・愛想笑いするなら完璧にやれよと思った。 ・真面目な話を笑って誤魔化すように、笑いを「逃げ」で使わないでほしい。 ・笑っているようで目が笑っていない。 ・仕方なく周りに合わせて笑ってやったときの笑い。 ・無理な作り笑い。 ・おもしろくもない話に付き合いで笑っているときは、とても疲れる。
嘲笑・冷笑 （相手の弱点につけこむ笑い）	・嘲笑うのは良くない。 ・失敗した際に笑われる。 ・負けた相手に笑われた。 ・恥ずかしいことをしてしまったとき、笑われた。 ・私で笑われた。 ・部活動で必死になっている人をバカにするような笑いを見て不快に思った。 ・一生懸命何かに取り組んでいる人を冷やかしで笑ったり、自分もそのような時に笑われたりしたとき。 ・笑い者にされた。 ・馬鹿にされて笑われた時に恥ずかしかったし、悲しくなった。 ・真剣に話しているときに笑われる。 ・見下すような薄ら笑い。 ・あまりにも人をけなす笑い。 ・人を貶めるようにして笑いを取っていた人がいたが、そのような笑いはあまり好きではない。 ・他人を馬鹿にするような笑いは嫌い。 ・どもりを笑われた。 ・自嘲的な笑みは見ていて気持ちいいものではない。

Table7.5b　不快な笑いのエピソード例

カテゴリー（定義）	エピソード例
いじめと感じる笑い（限度を超えたからかい行動に伴う笑い）	・いじめ系。 ・友だちをいじめて（？）（過度なイジリ？）笑っている人を見たとき。 ・その場にいない誰かをバカにしたような笑いになったから。 ・笑い飛ばす、場を和ませるといった狙いがあったわけではなく、単純に傷つけようとして、傷つけるのが楽しくての笑い。 ・学校などで、問題に答えられないと、クラスメイトにバカにされるなどといったことが、私以外の生徒に対してもよくあった。 ・人のことを見てバカにしたような、こそこそ笑い。 ・からかいを受けていたときに笑われることがとても苦痛で、特に「一人から笑われる」よりも「集団で笑われる」ほうが苦痛度が高かった。 ・人がいじめられたりして苦しんでいたり、困っているのを見たときに笑っているとき。 ・人の悪口を言って、その内容に対して笑っている周辺の人たち。あのようにひねくれた笑い声は聞きたくない。例えば「クスクス」とか「ヒヒヒヒヒ！」とか。
不愉快なネタ（笑わせるためのユーモア刺激の内容が不快である場合）	・「死ね」などの言葉で笑いを取ろうとするのは共感できない。 ・人の辛い過去や他人の不幸を笑いにしようとしたり、笑うのを見たとき。 ・他人の欠点・プライベートをネタにするような、人をだしにする笑い。 ・他人の外見を使って「笑い」をとる行動は許せない。 ・他人のマイナス面や人道的でないものをネタにして笑いを取ろうとしている人を見たとき。 ・人が笑われたくないものというのは何かしらあるはずで、それを笑われるということは不快なものだと思う。 ・叩いたり暴力で笑いを誘うもの。 ・食べ物を粗末にする笑い。 ・痛そうな罰ゲーム。

Table7.5c　不快な笑いのエピソード例

カテゴリー（定義）	エピソード例
メディアにおける笑い（テレビ等のメディアで見聞きする不快な笑い）	・どうしようもなくつまらないネタや、つまらない芸人の芸を見たとき。 ・テレビ番組の若手のつまらない芸にサクラの笑い声をいれ、ありがたがっているのを見たとき。 ・あまりにもいきすぎたツッコミやいじり。 ・テレビ番組で人をけなして笑いものにするという芸が増えてきているが、それが笑いの根本となっている所があるかもしれないけれど、そうしてまで取る笑いは何がおもしろいのか分からない。
孤立を感じる笑い（他者や周りの雰囲気に合わせられないときに起きた笑い）	・クラスの大部分が笑える話題について、自分はそのことを知らず、面白いとも思わなかった。 ・自分が笑えない状況、もしくは笑えない気持ちのときに、相手や周りが笑っているとイライラする。
場に馴染まない笑い（複数の人々と共有している空間の雰囲気を考慮していない笑い）	・勉強中・授業中の笑いによる雑音。 ・人が話そうとしている時に、例えばクラスで雑談（私語）している人たちが勝手に何かにウケて笑っている所を見ると、すごくイライラする。 ・空気を読まない笑い。TPO を考えない笑い。 ・意味のない一人笑い。 ・周りに対して遠慮のない笑いはうるさい。

Table7.5d　不快な笑いのエピソード例

カテゴリー（定義）	エピソード例
特定の相手の笑い （特定の相手が起こす特徴的な笑い）	・嫌いな集団や人物の笑い。 ・気に食わない声の持ち主や性格が歪んでいる人が笑っているときが不愉快。 ・耳元での大笑いにうるさくて、イラッとした。 ・アルバイトで接客をしている際、お客様から笑いながら嫌味を言われた。 ・人について悪意をもって、何かバカにするようなことを言って笑いを取る人をたまに見かけるが、とても不快に思う。 ・障害者のことを笑いのネタにしていた人を見たとき。 ・下ネタを使わないと笑いを取れない人を見ると残念に思う。
誤解 （笑いの意図を誤って解釈された場合）	・ちょっとした間違いをしたときに思わず笑ってしまったら、笑って誤魔化すなと怒られた。そんなつもりはなかったので不快だった。

エピソードの多くは、実際に自分が笑われて悲しい思いや恥ずかしい思いをした経験や、他者に対する笑いを見て共感できなかった経験、笑った意図が相手に伝わらなかったために誤解されて不快に思った経験のような、日常生活の中で誰しも経験する可能性のあるエピソードであった。

自分が笑われて不快に思うだけでなく、笑いを攻撃の手段として用いているのを見て不快に思った者、さらには「許せない」という怒りを感じた者もいた。『いじめと感じる笑い』における「からかいを受けていたときに笑われることがとても苦痛で、特に「一人から笑われる」というよりも「集団で笑われる」ほうが苦痛度が高かった」という経験談は、笑いによりからかい行動を助長することを示すエピソードであった。

不快な笑いの経験をした105名のうち、不愉快な笑いを経験した時期として、複数回答しなかった49名が記述したエピソードを分析した。経験時期で「その他」を選択した3名を除く46名のエピソードを分析し、カテゴリーに分類した結果をTable7.6に示す。

Table7.6　不快な笑いの経験時期の一時期のみ回答者のエピソード

	幼児期	小学生	中学生	高校生	大学生	計
愛想笑い	0	1	0	1	1	3
嘲笑・冷笑	1	3	7	3	2	16
いじめと感じる笑い	0	1	1	0	1	3
不愉快なネタ	0	0	3	4	1	8
メディアにおける笑い	0	0	0	2	0	2
孤立を感じる笑い	0	0	0	1	0	1
場に馴染まない笑い	0	0	2	1	2	5
特定の相手の笑い	0	0	0	1	0	1
誤解	0	0	1	0	0	1
記述なし	0	2	2	1	1	6
計	1	7	16	14	8	46

どの時期においても「嘲笑・冷笑」のエピソードが挙げられ、特に、中学生でのエピソードが多く記述されていた。また、中学生以降になると、笑いのネタや笑いが生じる場に相応しくないとする「不愉快なネタ」や「場に馴染まない笑い」に関する記述がなされる傾向がみられた。

④ 不快な笑いの経験の有無と「笑い」のイメージの関係

「笑い」から思い浮かべる言葉と不快な笑いの経験の有無との関係を明らかにするため、協力者 183 名が挙げた 3 つの言葉、計 549 語をカテゴリー別に分類した。全対象者について割合を求めた結果を Table7.7 に示す。

不快な笑いの経験の有無にかかわらず、「笑い」のイメージとして『肯定的比喩』および『媒体／人物／芸／文化』に属する言葉を挙げる割合が大きく、『肯定的比喩』の割合が『否定的比喩』に属する言葉を思い浮かべた割合より大きかった。『否定的比喩』に属する言葉の割合は、1 割未満であった。

今回の調査では、「笑い」という言葉から思い浮かぶものを 3 つまで挙げるように求めた。不快の笑いの経験の有無により、人は具体的に挙げる言葉が異なってくるのだろうか。具体的に挙げた言葉に差異があるかを検

Table7.7 「笑い」から思い浮かべる３つの言葉数と割合

カテゴリー ＼ 不快経験有無	不快な笑い経験		計（n=183）
	有（n=105）	無（n=78）	
肯定的比喩	91（28.89%）	65（27.78%）	156（28.42%）
媒体／人物／芸／文化	80（25.40%）	68（29.06%）	148（26.96%）
笑わせる技術	21（6.67%）	10（4.27%）	31（5.65%）
表情／音声	31（9.84%）	32（13.68%）	63（11.48%）
日常生活／効果	21（6.67%）	8（3.42%）	29（5.28%）
身近な他者	6（1.90%）	4（1.71%）	10（1.82%）
色	1（0.32%）	2（0.85%）	3（0.55%）
哲学	1（0.32%）	1（0.43%）	2（0.36%）
生理学	19（6.03%）	4（1.71%）	23（4.19%）
記号	2（0.63%）	0（0.00%）	2（0.36%）
否定的比喩	22（6.98%）	13（5.56%）	35（6.38%）
分類不能	0（0.00%）	0（0.00%）	0（0.00%）
特になし	20（6.35%）	27（11.54%）	47（8.56%）
計	315（100.0%）	234（100.0%）	549（100.0%）

討するため、最初に思い浮かんだ語を３点とし、１点から３点で処理した合計得点および思い浮かべた人数をまとめた。前節の方法に従い、分類不能は除いて分類した結果、136 種類に分けられた。

得点が高い全体の上位 10 位の言葉について、協力者 183 名における挙げられた言葉の割合、および不快な笑いの経験の有無別の人数（不快な笑い経験者 105 名・不快な笑い非経験者 78 名）に対する割合をそれぞれ算出した。結果を Table7.8 に示す。

不快な笑いの経験の有無にかかわらず、「笑い」から思い浮かぶ言葉として“楽しさ”を表す語が３割を占めていた。また、“幸せ”“おもしろい”“明るい”というポジティブ感情を表す言葉や、“笑顔”という喜びの表情を表す言葉の得点が高く、「笑い」をポジティブに捉えていることが示された。

不快な笑いの経験の有無にかかわらず、「笑い」から思い浮かぶ言葉の

Table7.8 「笑い」のイメージの全体の上位 10 位の言葉に対する得点、人数および割合

得点順	笑いから思い浮かぶ言葉	全体			不快笑い経験あり		不快笑い経験なし	
		合計得点	人数	割合	人数	割合	人数	割合
1	楽しい，楽しさ，楽しいとき，楽しみ，楽	132	59	32.24%	34	32.38%	25	32.05%
2	お笑い芸人，芸人	126	51	27.87%	23	21.90%	28	35.90%
3	笑顔，微笑	95	38	20.77%	22	20.95%	16	20.51%
4	幸福，幸せ，福，幸	58	28	15.30%	16	15.24%	12	15.38%
5	面白い，おもしろいとき，おもしろさ	40	17	9.29%	11	10.48%	6	7.69%
6	お笑い	35	15	8.20%	14	13.33%	1	1.28%
7	固有名詞（例：芸人名など）	34	18	9.84%	8	7.62%	10	12.82%
8	明るい，明るさ	29	17	9.29%	10	9.52%	7	8.97%
9	コミュニケーション，会話	26	15	8.20%	12	11.43%	3	3.85%
10	テレビ，テレビ番組	22	12	6.56%	5	4.76%	7	8.97%

全体的な傾向にほとんど差がなかったものの、Fisher の直接法（両側検定）にて、不快な笑いの経験の有無による差を検討した結果、「お笑い芸人，芸人」（$p<.05$）および「お笑い」（$p<.01$）において、有意な差がみられた。「お笑い芸人，芸人」は不快な笑いの経験がない者の割合が有意に多く、「お笑い」では不快な笑いの経験が「ある」と答えた者の方が有意に多かった。

7.2.4 考察

本章では、「笑い」に抱いているイメージについて、笑いの不愉快さや笑いに含まれる攻撃性に関連する不快な笑いの経験の影響も含めて明らかにするために実施した質問紙調査の結果をまとめた。笑いのダークサイドとも言うべき不快な笑いの経験を尋ねた結果、半数以上は不快な笑いを経験していた。不快な笑いのエピソードには、自分が笑われたことや他者が

笑われているのを見て不快な感情を体験したことが記述されていた。また、他者が表出する笑いに対し、攻撃の意図が感じられると怒りを覚える者や、笑われることに対して苦痛を感じた経験を挙げた者もいた。

しかし、不快な笑いの経験の有無にかかわらず、「笑い」から思い浮かぶ言葉の全体的な傾向にほとんど差がなかった。「笑い」と聞いて思い浮かべる言葉は「楽しい」などの『肯定的比喩』や『媒体／人物／芸／文化』に属する「お笑い」を挙げる者が多く、不快な笑いの経験の有無にかかわらず『否定的比喩』に関する言葉を挙げた割合は１割未満であった。また、“楽しさ”“幸せ”“おもしろい”“明るい”“笑顔”などが多く挙げる傾向にあることから、不快な笑いの経験を自覚しているか否かにかかわらず、人は「笑い」に対してポジティブなイメージを抱いていると言える。

不快な笑いの経験をした時期は、思春期・青年期にあたる時期が多く挙げられ、特に、直近の大学生の時期よりも中学生および高校生を含む時期を挙げる傾向がみられた。また、少ないながらも幼児期を挙げる者もいた。不快な笑いの経験をした時期で複数の時期を挙げなかった者でも、思春期にあたる中学生、もしくは高校生の時期を挙げる傾向にあり、青年期後期にあたる大学生にとって、思春期での不愉快な笑いの経験が思い出されやすいことが示唆された。幼児期のみを挙げた者は１名だったが、その思い出も「嘲笑・冷笑」に分類される笑いであり、不愉快な笑いの記憶が残っていた。

不快な笑いを経験した時期として「中学生」のみ選択した者は、「嘲笑・冷笑」に関するエピソードを記述し、中学生以降を選択した者は、「嘲笑・冷笑」だけでなく、笑いには相応しくない内容や場の雰囲気があることについて言及する傾向がみられた。この時期は、自分の中に相互に矛盾し対立したところがあることに気づくことで混乱や葛藤が生まれ、統合に向けて悩む時期である（無藤, 2002）。青年期から成人期初期の自伝的記憶、つまり「思い出」は、この時期が様々な体験をし、人生経験が蓄積される時期であることから、記憶として残りやすいことも知られている

(越智, 2008)。本研究で分析対象者となった大学生が、高校生の頃よりも統合化された視点から自らを見直す時期の者たちであることを考えると、高校生までに笑いに含まれる攻撃性を感じる経験をしたことで、笑いには不快な性質があり、笑ってはいけない話題があると考慮していると推察される。

「笑い」から思い浮かべた一つひとつの言葉を分析した結果で、不快な笑いの経験が「ある」と答えた者の方が「お笑い」という言葉を「笑い」のイメージとして有意に多く挙げる傾向がみられた。しかし、「お笑い」を表現する人物である「お笑い芸人」については、不快な笑いの経験が「ない」と答えた者の方が有意に多かった。不快な笑いの経験がある者が記述したエピソードとして、テレビ等のメディアで見聞きする不快な笑いのエピソードがみられていたが、不快な笑いが「ある」と答える者は、メディアで見聞きする「お笑い」全体についてネガティブな印象をもっている可能性がある。不快な笑いの経験がある者にとっては、お笑い芸人は、それほど愉快な存在ではないのかもしれない。

加えて、人とのやり取りを表す「コミュニケーション，会話」については、有意な差はなかったものの、不快な笑いの経験が「ある」と答えた者が「ない」と答えた者より多かった。その一方で、TPO をわきまえない笑いは不快であるというエピソードが挙げられていたことからも、笑いに含まれる攻撃性や笑いによる不愉快さを感じる経験をしたことで、笑いは他者とのコミュニケーションの中で適切に用いることが大切であるという意識をもっていることが推測される。

人は、ネガティブな感情を生じさせる対象に対し、より積極的な注目を向け、熟慮的に考えることがある（木村, 2006)。不快な笑いを経験した者は、その経験から笑いについて再評価し、笑いをポジティブなイメージとして捉え直したことが推測される。人間は、幼児期以降の笑いに含まれる攻撃性を感じる経験を通して、笑いには不快感を喚起させる性質があることや、笑ってはいけない話題や場に馴染まない笑いがあると理解し、その上で、「笑い」に対してポジティブなイメージを抱いていることが示唆される。

さらに、青年期は、笑いに対する意識に性差がみられることが指摘されている。例えば、伊藤（2012）は、女性は男性よりも人を馬鹿にする笑いを好ましく思っておらず、「笑い」にあたたかいイメージをもつ傾向がみられることなどを示した上で、笑いやユーモアの研究を進めるにあたっては、対象者の男女構成比に配慮し、得られた結果についても性差の影響を考慮に入れる必要性を指摘している。本章の調査からは不愉快な笑いの経験の有無に男女の差がみられなかったが、なぜ笑いを「不愉快」と思うのか、その経験が笑いのイメージ形成に与える影響やその後の人生における笑いの捉え方について、ジェンダーの差がある可能性がないとは言い切れない。「笑い」に対するイメージの形成がいかになされるのか、今後、生涯発達過程におけるジェンダーの影響も含めて検討する必要があると思われる。

【付記】　本章は、伊藤理絵（2011）『ヒトは「笑い」から何を思うのか：「笑い」のイメージに関する検討』（笑い学研究, 18, pp.50-58）を再分析した上で、加筆・修正しました。

第８章　不愉快な笑いは不愉快か

――笑いの攻撃性のポジティブな働き――

8.1　目的

幼児期以降、個人の性格や経験などの要因が大きくなるために、一般的な笑いの発達を論じることは難しくなる（志水, 2000）。また、幼児期、児童期におけるユーモアの社会的機能や、その機能が児童期から青年期の間にどのように変化していくのかなど、笑いを引き起こすユーモアの発達に関する研究を横断的および縦断的に明らかにすることは今後の課題でもある（Martin, 2007/2011）。これまでの章において、たとえ攻撃の意図がなくても他者を傷つける笑いがあること、攻撃を意図した笑いが幼児期にも見られることを示した。また、前章では、青年期後期にあたる大学生にとって、思春期での不愉快な笑いの経験が思い出されやすいことが示唆された。しかし、本書の立場は、攻撃的笑いはネガティブな笑いで排除すべき笑いであり、ポジティブな笑いこそが奨励すべきであるという結論を述べるものではない。相手に不愉快な思いを生じさせる笑いにもポジティブな機能があることを考える必要があると思われる。

笑いとユーモアの多様性を笑いの攻撃性に焦点を当てて明らかにするため、本章では、引き続き、大学生を対象にした質問紙調査を通して検討することにしたい。前章では、「お笑い」や「お笑い芸人」に対して、不快な笑いの経験を自覚している者と自覚していない者で捉え方が異なる可能性が示唆されたが、芸としての「お笑い」や演者としての「お笑い芸人」たちは、我々に快感情をもたらすだけでなく、不愉快な感情を与えることもある。発達が進むにつれ、人間は、嫌味や皮肉、諷刺などの形で、笑いの攻撃性を巧みに利用し、時に、権力に対する反逆を笑いやユーモアという形で創造することもできるようになるが、それを受け取る相手が、そのユーモアをいつも楽しんで笑えるとは限らない。

笑いの研究者は、概してユーモアのもつポジティブな側面とネガティブな側面に直面したとき、しばしばネガティブな結果よりもポジティブな利益を強調する傾向を見せる（Billig, 2005/2011）。笑いに含まれるネガティブで攻撃的な性質が見過ごされやすい性質なのであれば、なぜ人間は嘲笑という笑いを示すのか、なぜ人間の笑いには他者との関係を絶つ笑いが存在し続けるのか、これらの疑問の答えとなる笑いに触れる必要はあろう。本章では、攻撃的ユーモアを受け取り、笑う人々に焦点を当て、攻撃的ユーモアを好む人々が果たして他者との関係を絶ちたい人々と言えるのか考察する。

ユーモアとは「おもしろい」「おかしい」といった心の中に沸き上がる気持ちを指し、笑いは、ユーモアという心理的現象が行為となって表れたものである（上野, 2003）。笑いは、コミュニケーションを円滑に行うための重要なノンバーバルコミュニケーションの手段であり、ユーモアもまた、日常生活における人間関係を良好に保つ潤滑油として機能している。これまで、自己や他者を攻撃することを動機とした攻撃的ユーモアについては、ユーモア喚起の効果は個人差が激しく、その理由として、攻撃の動因状態にない場合や、その攻撃を嫌う場合は、ユーモア喚起は不快感によって抑制されるか、あるいは、攻撃の要素がオチに関係するような認知構造の鍵となっているならばユーモアは喚起されないといわれてきた（上野, 1992）。ユーモア喚起がされにくい攻撃的ユーモアを笑うということは、優越感から得られる快感情の表出であり、笑いは勝利の歌である（Pagnol, 1947）という優越感情理論の枠組みの中で捉えられてきた。

上野（1993）は、ユーモアに対する態度には少なくとも攻撃性を志向する側面と愛他性を志向する側面の2つの独立した側面があることを指摘した。攻撃的ユーモア志向は攻撃性と関わっているため、他者を攻撃するユーモア刺激を表出する傾向と関連があり、遊戯的ユーモア志向は他者を慰めたり、励ましたりする支援的な要因を含む愛他性と関連していることを示した。

本章の目的は、攻撃的ユーモアが内なる感情として生じた場合、その感情を表出して笑うことが、笑いの攻撃性のポジティブな働きの一つの側面であることを検討することである。攻撃的ユーモア刺激には、対象となった者や攻撃的ユーモア刺激に直面した者が、その攻撃性に対する嫌悪感や不快感を引き起こすことだけを意図とした攻撃だけではなく、悪意感情を超えたところに存在する、理想と現実、正論と矛盾、葛藤を統合する手段としての働きもある。表面上のルールと支配者たち（ルーラーズ）を嘲笑することは、社会行為者を拘束するルールを破ることで喜びを得ることができ、笑いによって社会の規範に反逆することができる（Billig, 2005/2011）。このような反逆性と創造性は、従来の指摘のように、笑いとユーモアのポジティブな側面であると言える。

例えば、これまでの歴史の中でも、皮肉や社会諷刺の形で、社会に対する矛盾を統合するユーモアを生み出してきた創造者たちは存在してきた。ただし、そこで表される笑いには、単なる支配者たちを笑うことの喜びだけでなく、対立を超えて再統合する意志をも秘めた側面があり、この世で生きる苦悩が源となっていることもある（cf. 石田, 2008, 2009）。

社会諷刺に含まれる攻撃性には、作者の社会に対する矛盾や葛藤が表現されている場合が多いが、ユーモア刺激に含まれた攻撃性を受容し笑う者には、その作者の意図を読み取り、攻撃的ユーモアにより惹起される不快感を一歩下がって客観的に捉え直すことが必要であると思われる。

「おもしろい」「おかしい」という感情としてのユーモアの生起過程を説明する理論として、最も包括的な理論とされているのが不適合理論であり、ユーモア刺激には、感覚的不適合（刺激が“変だ”という感覚を生起させユーモアを引き起こす要素である予測や常識と実際とのズレ、としての不適合）と論理的不適合（解決の過程を導く要素である論理的なつながりの欠如、としての不適合）がある（伊藤, 2007）。感覚的不適合が知覚されると「そんなあほな」と感じられ、論理的不適合が解決された際には「なるほど」と感じられる（野村・丸野, 2008a）。

本章では、攻撃的ユーモアに含まれる攻撃を不快感情として抑圧せずに笑うという行為について、攻撃的ユーモアを表出する笑い手に焦点を当て、笑いの攻撃性のポジティブな性質について検討する。そのため、ユーモア刺激に含まれる不適合やその不適合を解消しようとする不適合解決という過程を、攻撃的ユーモアを笑うための条件の一部として取り上げる。また、攻撃的ユーモアと非攻撃的ユーモアを笑う場合の日常生活における笑いに関する評価やユーモア経験に至る認知過程について考察し、内なる感情として生起した攻撃的ユーモアを抑圧せずに認め、笑うことについて考察する。

8.2　方法

8.2.1　対象者

日常生活における笑いに関する自己評価とユーモアを引き起こすための刺激（ユーモア刺激）に対するユーモア評価およびユーモア刺激識別評価について、質問紙調査を実施した。本研究の目的を口頭で説明し、同意が得られた協力者151名のうち、回答に不備のなかった18歳～25歳の大学生および大学院生142名（男性88名，女性54名；平均年齢＝19.26，SD＝1.49）を分析の対象者とした。

なお、調査は、研究目的に同意が得られた教員の授業終了後もしくは授業中の差支えのない約15分間で実施した。学生には、研究の目的を書面および口頭で説明し、授業の成績には一切関係がないこと、データは全て匿名で処理し、研究に必要がなくなった時点で破棄すること、答えたくない質問には答えなくてもよいこと、質問紙への記入を以て研究への同意とみなすことを伝えた。また、ユーモア刺激とした4コマ漫画の使用については、作者およびデータ元の朝日新聞社から同意を得た。

8.2.2　日常生活における笑いに関する自己評価

中村（2005）を参考に、①あなたは最近笑っている、②自分にはユーモアセンスがある、③育った家庭で笑いがあった、④雰囲気が気まずくなった時に進んで笑いをとる、という4項目と、⑤コミュニケーションにおいて笑いは必要だと思う、という独自の質問を加えた計5項目について尋ね、7件法にて回答を求めた。

8.2.3 ユーモア評価およびユーモア刺激識別評価

野村・丸野（2008a）の質問項目を用い、ユーモア評価およびユーモア刺激識別評価に関する6項目について、7件法にて回答を求めた。6項目のうち、ユーモア刺激として用いた漫画について、協力者が生起したユーモアについては、①笑いそうになったり、笑ったりした、②おもしろかった、③話に引き込まれた、④印象に残った、という4項目が「ユーモア評価」である。また、「ユーモア刺激識別評価」は、「論理的不適合」については、⑤オチの内容に“なるほど”と感じた、「感覚的不適合」については、⑥オチの内容に“そんなあほな”と感じた、という2項目で構成されている。

8.2.4 ユーモア刺激

中村（2005）で用いられたサトウサンペイ氏の作品『フジ三太郎』の3種類の4コマ漫画[4]を使用した。親子関係を皮肉った「家庭」場面、電車内を舞台にとんちを効かせた「電車」場面、シルバーシートを題材にした「優先席」場面である。「家庭」場面は同室にいる父と息子に対し、母親から「たまには父と子の会話をしなさい」と言われた父子が向かい合い、他人行儀な会話をするという内容である。「電車」場面は、電車内で

---

[4] 中村（2005）の調査で使用された4コマ漫画は、「一定程度の認知度があり、分かりやすく、主観的になりすぎない」という条件を満たし、著作権の快諾を得たサトウサンペイ氏の「フジ三太郎」から選択されたものである。1965年から1991年まで朝日新聞本紙に連載された「フジ三太郎」のうち、代表作を集めて単行本化された「傑作集」を世論調査部員で熟読し、「ユーモア」「ウィット」「社会諷刺」のそれぞれがイメージされる作品を受け手の視点を優先させて選定している。3種類の4コマ漫画のうち「一番面白いのはどれ」と尋ねた中村（2005）の調査結果では、「ウィット」が53%、「ユーモア」が26%、「社会諷刺」が11%となっている。本章では、中村（2005）の「ユーモア」を「家庭」、「ウィット」を「電車」、「社会諷刺」を「優先席」として考察する。

居眠りをしている男性が、左隣に座っている男性に寄りかかるのだが、その男性は迷惑がり、傘で居眠りしている男性をつつく。その弾みで、居眠りしている男性は右隣に座っている若い女性に寄りかかるのだが、それを見た左隣の男性は、女性に寄りかかる男性を傘で止めるという内容である。「優先席」場面は、電車の中で空いている席に座ろうとした高齢者が、若者に命令されるようにシルバーシートに座るよう促されて行ってみると、シルバーシートが満席で結局座れないという高齢社会を諷刺した内容となっている。

本研究では中村（2005）の分類を参考に、非攻撃的ユーモア刺激として「電車」場面を、攻撃的ユーモア刺激として「家庭」場面と「優先席」場面を用いることとした。ユーモア刺激の特徴として、「電車」場面は、おかしみに知恵が加わったユーモア刺激（「電車」場面＝おかしみ＋知恵）であり、「家庭」場面と「優先席」場面は、おかしみに加え、現代の親子関係や高齢社会に対する皮肉という攻撃性を含んだユーモア刺激（「家庭」場面，「優先席」場面＝おかしみ＋攻撃性）であると考えることができる。

調査を実施する際は、カウンターバランスを取るために3種類の漫画の呈示順を変えた6通りの質問票を作成し、ランダムに配布した。

8.2.5　自由記述分析

各漫画について「どんなところがおもしろい（おもしろくない）と思いましたか。自由にお書きください。」という自由記述を求めた。記述された内容について、「話の内容（例：オチの内容など）の不適合に関する記述」と「話の内容以外に関する記述」に分けて割合を求めた。

8.3　結果

8.3.1　全体的傾向

日常生活における笑いに関する自己評価に関する5項目、ユーモア評価4項目およびユーモア刺激識別評価2項目について、全対象者の平均値および標準偏差を Table8.1 ～ 8.2 に示す。日常生活における笑いに関する自己評価については、自分のユーモアセンスに対する自信や雰囲気が悪くなったときに相手を笑わせようとする積極性は中間の値である4未満であったが、それ以外の質問は4以上の値を示していた。特に、コミュニケーションにおける笑いを重視している傾向がみられた。

ユーモア刺激として用いた4コマ漫画について、中村（2005）の調査で一番おもしろいのはどれかを選択させた結果では、「電車」について53%の者が一番おもしろいと評価しており、次いで「家庭」が26%、「優先席」が11%であった。本調査における評価2「おもしろかった」の平均値をみてみると、「電車」がもっとも高く、次いで「家庭」「優先席」と続い

Table8.1　日常生活における笑いに関する自己評価（N = 142）

質問項目	平均値	標準偏差
①あなたは最近笑っている（頻度）	5.26	1.27
②自分にはユーモアセンスがある（ユーモアセンス）	3.83	1.44
③育った家庭で笑いがあった（家庭での笑い）	5.30	1.33
④雰囲気が気まずくなった時に進んで笑いをとる（積極性）	3.99	1.63
⑤コミュニケーションにおいて笑いは必要だと思う（必要性）	6.29	0.98

Table8.2　各4コマ漫画に対するユーモア評価およびユーモア刺激識別評価（N=142）

質問項目	家庭	電車	優先席
①笑いそうになったり、笑ったりした（評価1）	3.16 (1.82)	3.78 (1.79)	2.72 (1.70)
②おもしろかった（評価2）	3.59 (1.87)	4.40 (1.68)	3.09 (1.83)
③話に引き込まれた（評価3）	3.44 (1.76)	3.82 (1.68)	3.40 (1.80)
④印象に残った（評価4）	3.42 (1.73)	3.84 (1.87)	3.89 (1.99)
⑤オチの内容に“なるほど”と感じた（論理的不適合）	3.51 (1.99)	4.41 (1.78)	4.04 (2.05)
⑥オチの内容に“そんなあほな”と感じた（感覚的不適合）	3.10 (1.82)	3.46 (1.80)	3.18 (1.91)

ていた。よって、3種類の作品に対するおもしろさの評価は、中村（2005）の結果と同様であった。

8.3.2　ユーモア高評価群とユーモア低評価群の分類

ユーモアとは「おもしろい」「おかしい」といった心の中に沸き上がる感情であり、ユーモアという心理的現象が行為となって表れたものが笑いであるため（上野, 2003）、各漫画におけるユーモア高評価群とユーモア低評価群を分類するための指標として、ユーモア評価における評価1「笑いそうになったり笑ったりした」および評価2「おもしろかった」の値を用いた。

評価1、評価2ともに中間の値である4（どちらともいえない）より大きい値を示した者を、その漫画における「ユーモア高評価群」、4未満の者を「ユーモア低評価群」とした。それ以外の者は、ユーモア高評価群およびユーモア低評価群以外として「高低群以外」に分類した。各漫画におけるユーモア高評価群、ユーモア低評価群、および高低群以外の割合をFigure8.1に示す。

「家庭」場面のユーモア低評価群は40.85％（58名）、高評価群は26.06％（37名）、「電車」場面の低評価群は24.65％（35名）、高評価群は47.89％（68名）、「優先席」場面の低評価群は52.11％（74名）、高評価群は16.20％（23名）であった。

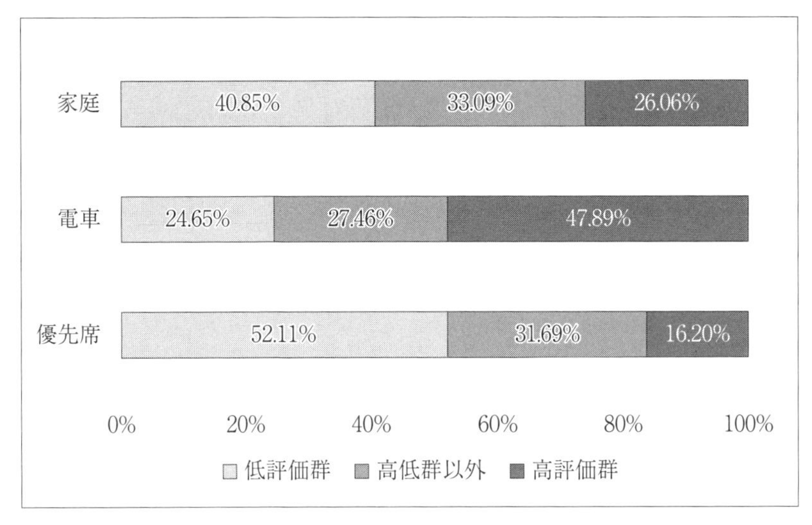

Figure8.1　漫画のテーマ別ユーモア低評価群、高低群以外、および高評価群の割合

ユーモア低評価群および高評価群のユーモア評価の平均値および標準偏差をTable8.3に示す。

Table8.3　各漫画のユーモア高評価群と低評価群のユーモア評価の平均値(SD)

質問項目	家庭		電車		優先席	
	低評価群	高評価群	低評価群	高評価群	低評価群	高評価群
笑いそうになったり、笑ったりした（評価1）	1.58 (0.79)	5.51 (0.73)	1.62 (0.84)	5.33 (0.63)	1.56 (0.79)	5.52 (0.66)
おもしろかった（評価2）	1.68 (0.88)	5.64 (0.82)	1.85 (0.84)	5.51 (0.76)	1.62 (0.80)	5.65 (0.83)
話に引き込まれた（評価3）	2.13 (1.49)	4.97 (1.09)	2.17 (1.50)	4.73 (1.24)	2.27 (1.45)	5.04 (1.29)
印象に残った（評価4）	2.31 (1.63)	4.59 (1.40)	2.02 (1.44)	4.70 (1.63)	2.87 (1.99)	5.21 (1.24)

8.3.3 日常生活における笑いに対する自己評価およびユーモアに関する評価の分析結果

各漫画におけるユーモア高評価群と低評価群の差異を検討することによって、攻撃的ユーモアを笑うことを明らかにするため、高評価群と低評価群の日常生活における笑いに対する自己評価の平均値および標準偏差をTable8.4 に示す。

Table8.4 各漫画のユーモア高評価群と低評価群の日常生活における笑いに関する自己評価

質問項目	家庭		電車		優先席	
	低評価群	高評価群	低評価群	高評価群	低評価群	高評価群
①あなたは最近笑っている（頻度）	5.05 (1.38)	5.35 (1.43)	5.14 (1.51)	5.41 (1.12)	5.20 (1.34)	5.52 (1.30)
②自分にはユーモアセンスがある（ユーモアセンス）	3.75 (1.49)	3.81 (1.56)	3.74 (1.44)	3.94 (1.33)	3.94 (1.55)	3.78 (1.27)
③育った家庭で笑いがあった(家庭での笑い)	5.20 (1.49)	5.51 (1.30)	5.31 (1.60)	5.27 (1.30)	5.25 (1.28)	5.43 (1.37)
④雰囲気が気まずくなった時に進んで笑いをとる（積極性）	4.01 (1.70)	3.91 (1.49)	4.42 (1.66)	4.05 (1.56)	4.05 (1.71)	3.78 (1.70)
⑤コミュニケーションにおいて笑いは必要だと思う（必要性）	6.06 (1.25)	6.56 (0.60)	6.17 (1.15)	6.42 (0.75)	6.22 (1.12)	6.65 (0.64)

ユーモア刺激として呈示した4コマ漫画3作品それぞれのユーモア高評価群とユーモア低評価群を比較するため、日常生活における笑いに対する自己評価（5項目）についてt検定を行った。その結果、コミュニケーションにおける笑いの必要性について尋ねた項目で、攻撃的ユーモア刺激とした「家庭」場面および「優先席」場面におけるユーモア高評価群とユーモア低評価群に統計的な有意差が認められた。結果をFigure8.2 に示す。

「家庭」場面（t = 2.59, df = 87.56, p< .05）では、高評価群のほうが低評価群よりも有意に高く、10%水準ではあるが、「優先席」場面（t = 1.70, df = 95, p< .10）においても高評価群のほうが低評価群よりも有意に高かった。攻撃的ユーモア刺激について「笑いそうになったり笑ったりした」

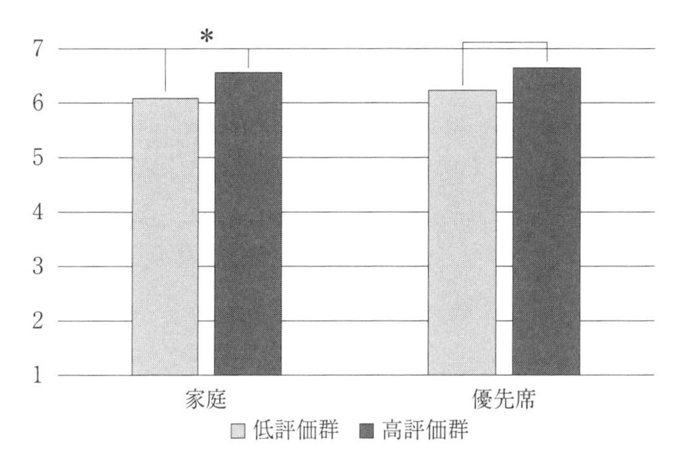

Figure8.2　コミュニケーションにおける笑いの必要性についての平均値（$p * < .05$）

「おもしろかった」と評価した人は、そのような評価をしなかった人よりも、コミュニケーションにおいて笑いを必要だと思っていた。

次に、各漫画におけるユーモア高評価群と低評価群のユーモア刺激識別評価の平均値および標準偏差を Table8.5 に示す。各漫画における論理的不適合と感覚的不適合の得点の関連をみるために、各漫画における論理的不適合「オチの内容に“なるほど”と感じた」と感覚的不適合「オチの内容に“そんなあほな”と感じた」との相関分析を行った。各漫画における論理的不適合と感覚的不適合の相関分析の結果を Table8.6 に示す。

Table8.5　各漫画のユーモア高評価群と低評価群のユーモア刺激識別評価の平均値（SD）

質問項目	家庭		電車		優先席	
	低評価群	高評価群	低評価群	高評価群	低評価群	高評価群
オチの内容に“なるほど”と感じた（論理的不適合）	2.37 (1.85)	5.00 (1.56)	2.40 (1.47)	5.38 (1.29)	2.95 (2.10)	5.43 (1.16)
オチの内容に“そんなあほな”と感じた（感覚的不適合）	2.24 (1.78)	4.13 (1.82)	2.71 (2.08)	4.01 (1.74)	2.67 (1.97)	3.82 (1.99)

Table8.6　各漫画における論理的不適合と感覚的不適合の相関係数（N=142）

		家庭		電車		優先席	
		論理的不適合	感覚的不適合	論理的不適合	感覚的不適合	論理的不適合	感覚的不適合
家庭	論理的不適合	1					
	感覚的不適合	0.64***	1				
電車	論理的不適合	0.27 **	0.21 **	1			
	感覚的不適合	0.35***	0.50***	0.37***	1		
優先席	論理的不適合	0.39***	0.27 **	0.13	0.08	1	
	感覚的不適合	0.36***	0.50***	0.15	0.34***	0.36***	1

$p^{**}<.01$, $p^{***}<.001$

「家庭」場面の論理的不適合と感覚的不適合は、比較的強い有意な正の相関がみられ（「家庭」r=.64, p<.001)、「電車」および「優先席」場面の論理的不適合と感覚的不適合は、弱い有意な正の相関がみられた（「電車」r=.37, p<.001; 「優先席」r=.36, p<.001）。

また、「家庭」場面と「電車」および「優先席」場面の論理的不適合では、弱い有意な正の相関がみられていたが（「家庭－電車」r=.27, p<.01; 「家庭－優先席」r=.39, p<.001)、「家庭」場面と「電車」および「優先席」場面の感覚的不適合では、比較的強い有意な正の相関がみられていた（「家庭－電車」r=.50, p<.001; 「家庭－優先席」r=.50, p<.001)。「優先席」場面と「電車」場面の論理的不適合には、ほとんど相関がみられなかった。

次に、高評価群、および低評価群について、各漫画における論理的不適合と感覚的不適合の関係を明らかにするために、群別に相関分析を行った。結果をTable8.7に示す。高評価群では、「家庭」場面において比較的強い有意な正の相関が（r=.60, p<.01)、「電車」場面では弱い有意な正の相関が認められたが（r=.35, p<.01)、「優先席」場面で相関関係はみられなかった。一方、低評価群では、「家庭」場面において比較的強い有意な正の相関が（r=.55, p<.01)、「優先席」場面では弱い有意な正の相関が認められたが（r=.31, p<.01)、「電車」場面で相関関係はみられなかった。

Table8.7　各漫画の高評価群および低評価群の論理的不適合と感覚的不適合の相関係数

漫画	対象	N	相関係数
「家庭」	高評価群	37	0.60 **
「家庭」	低評価群	58	0.55 **
「電車」	高評価群	68	0.35 **
「電車」	低評価群	35	0.01
「優先席」	高評価群	23	-0.03
「優先席」	低評価群	74	0.31 **

** p< .01

Table8.5 に示したように、高評価群と低評価群では、論理的不適合と感覚的不適合の平均値に違いがあるため、Table8.7 の相関係数の数値が意味することが異なっていると考え、各漫画のユーモア高評価群および低評価群について、感覚的不適合よりも論理的不適合の値が高かった人数をカウントし、各群における割合を算出した。結果を Table8.8 に示す。

Table8.8　各漫画の高評価群および低評価群における論理的不適合>感覚的不適合の人数および割合

家庭		電車		優先席	
低評価群 (n=58)	高評価群 (n=37)	低評価群 (n=35)	高評価群 (n=68)	低評価群 (n=74)	高評価群 (n=23)
11 (18.96%)	19 (51.35%)	11 (31.42%)	39 (57.35%)	19 (25.67%)	12 (52.17%)

ユーモア低評価群は、感覚的不適合よりも論理的不適合の値を高く回答する者の割合が半数に満たなかったが、高評価群はどのユーモア刺激においても 5 割以上が論理的不適合を高く回答する傾向がみられた。

Table8.9 に、各漫画のユーモア高評価群および低評価群の論理的不適合と感覚的不適合の差の平均値および標準偏差を示す。高評価群の平均値は、どの漫画も感覚的不適合よりも論理的不適合の方を高く、正の値であったが、低評価群では、非攻撃的ユーモア刺激とした「電車」場面につ

Table8.9　各漫画の高評価群および低評価群における論理的不適合と感覚的不適合の差の平均値（SD）

家庭		電車		優先席	
低評価群	高評価群	低評価群	高評価群	低評価群	高評価群
0.13 (1.66)	0.86 (1.53)	-0.31 (2.54)	1.36 (1.76)	0.28 (2.40)	1.60 (2.33)
*		***		*	

$^{*}p<.05$,　$^{***}p<.001$

いてのみ、感覚的不適合の方が論理的不適合よりも高く、負の値を示していた（Table8.9）。

論理的不適合と感覚的不適合の差について、t 検定を行った結果、高評価群の方が、低評価群よりも有意に大きかった（「家庭」$t=2.13$, $df=93$, $p<.05$；「電車」$t=3.92$, $df=101$, $p<.001$；「優先席」$t=2.32$, $df=95$, $p<.05$）。高評価群の方が、感覚的不適合よりも論理的不適合を高く評価し、その差も大きい傾向がみられた。

8.3.4　自由記述分析結果

自由記述の内容について、各漫画のユーモア高評価群、低評価群別にコメント数をカウントし「話の内容の不適合に関する記述」と「話の内容以外に関する記述」について割合を求めた。「話の内容の不適合に関する記述」は、4コマ漫画のストーリーに関する具体的な記述、「話の内容以外に関する記述」は、ストーリーではなくイラストへの指摘や意味が分からないなど具体的なストーリー以外に関する記述とし、1名が全ての自由記述をチェックした後、他の評定者1名に確認を求めた。ストーリーに関する具体的な記述か否かで2名の評定者の見解が異なることはなかった。結果をFigure8.3に示す。

話の内容の不適合に関する記述には、常識との一致・不一致（例：「家庭」場面について「よくある話」「父子なのに他人行儀」「親子なのに照れている」など）、オチへの納得や意外性の有無（例：「オチが読めた」「オチが意外

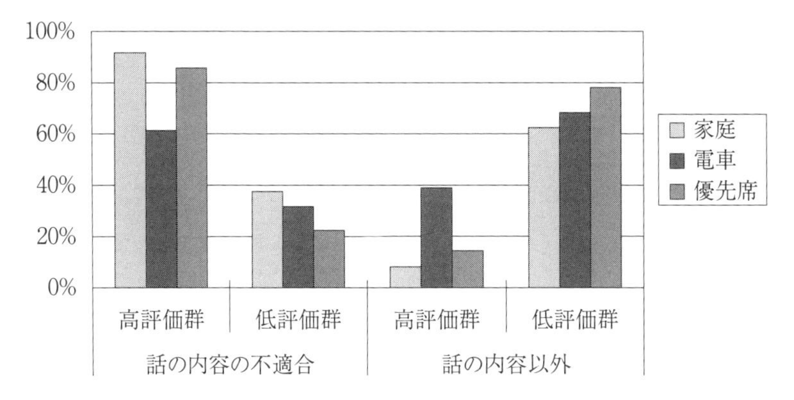

Figure8.3　自由記述分析結果

だった」「感心した」「なるほどと思ったが面白くはなかった」など）に関する意見が見られた。話の内容以外に関する記述には、漫画の絵や雰囲気など全体的な印象について述べられていた。特に低評価群には「おもしろい要素が見られない」「意味が分からない」という、呈示されたユーモア刺激に含まれるおかしみをユーモアとして感じられなかったことを表す記述が多かった。

非攻撃的ユーモア刺激である「電車」場面のユーモア高評価群が、話の内容の不適合だけでなく、話の内容以外にもおもしろい要素を見つけていたのに対し、攻撃的ユーモア刺激である「家庭」場面と「優先席」場面のユーモア高評価群は、話の内容に多くの不適合を見出そうとする傾向がみられた。

8.4　考察

本章の目的は、笑いとユーモアの多様性を笑いの攻撃性に焦点を当てて明らかにするため、攻撃的ユーモアを笑うことを検討し、笑いの攻撃性のポジティブな側面を明らかにすることであった。そのため、非攻撃的ユーモア刺激として「電車」場面を、攻撃的ユーモア刺激として「家庭」場面と「優先席」場面の 4 コマ漫画を用いた。その結果、攻撃的ユーモア刺激のユーモア高評価群は、低評価群よりもコミュニケーションにおいて笑いを必要だと思っていた。また、どのユーモア刺激のユーモア高評価群も、低評価群よりも論理的不適合と感覚的不適合の値の差が大きく、論理的不適合の方が大きな値を示す傾向がみられた。一方で、ユーモア低評価群のうち、非攻撃的ユーモア刺激とした「電車」場面においては感覚的不適合の方が大きな値を示す傾向がみられ、攻撃的ユーモア刺激とした「家庭」場面と「優先席」場面とは異なっていた。

これまで、笑いを引き起こす刺激条件は、期待や予測とのズレによる驚き・緊張とともに、それが深刻な事態ではないと解釈される必要があるとされてきた（松阪, 2008）。ユーモアの不適合理論では、すべてのユーモア刺激には、ユーモアの生起条件として感覚的不適合が含まれており、論理的不適合はユーモア刺激に含まれる場合と含まれない場合があるといわれている（伊藤, 2007；野村・丸野, 2008b）。ただし、伊藤（2007）は不適合理論を整理するにあたり、重要性は認めながらも、危険でないことが明白なユーモア刺激に限った論を展開している。安全性の確保されたユーモア刺激は、論理的不適合を含む刺激のほうが感覚的不適合のみの刺激よりもおもしろさの平均値が大きい（野村・丸野, 2008a）。

本研究においても、非攻撃的ユーモア刺激として用いた「電車」場面が一番おもしろいと評価される傾向があり、感覚的不適合と論理的不適合には有意な正の相関がみられた。一方で、攻撃的ユーモア刺激とした「家庭」場面と「優先席」場面に関する結果は、先行研究（伊藤, 2007；野村・丸野, 2008a）で示されてきた危険でないとされるユーモア刺激の傾向とは異なるものであった。攻撃的ユーモア刺激として用いた「家庭」場面では、高評価群および低評価群ともに、感覚的不適合と論理的不適合に正の相関がみられていた。しかし、「優先席」場面の高評価群は「笑えるし、おもしろい」と評価しているものの、感覚的不適合と論理的不適合との関連はほとんどなく、低評価群では感覚的不適合と論理的不適合には有意な正の相関がみられていた。この傾向は、「電車」場面の高評価群および低評価群の結果と逆であり、「優先席」場面と「電車」場面の論理的不適合には、ほとんど相関がみられなかったことを考えると、もっとも好まれやすかった「電車」場面の不適合を解決することと、攻撃的ユーモア刺激に「なるほど」と納得できることとは、異なるメカニズムが働いている可能性があることが推測される。

また、攻撃的ユーモア刺激として用いた「家庭」場面と「優先席」場面の高評価群における感覚的不適合と論理的不適当の相関分析の結果が異なることは、「優先席」場面と「家庭」場面のユーモア刺激に含まれる攻撃は性質の異なるものであり、「優先席」場面に含まれる攻撃性がユーモア生起を妨げた可能性を示唆していると思われる。

以上のことからは、本研究においても論理的不適合が必ずしもユーモア生起の条件とはならないことを支持する結果が得られたと言える。しかし同時に、その攻撃性を安全であると解釈し、笑ったりおもしろいと感じたりするためには、論理的不適合を“なるほど”と解決する必要があることも示された。攻撃的ユーモア刺激のユーモア高評価群は、非攻撃的ユーモア刺激の高評価群と同様に、論理的不適合の平均値が中間の値である4以上であり、不適合解決を行っていることが示唆された。「攻撃的ユーモア刺激を笑うためには、論理的不適合がユーモアの生起条件となる」という仮説が考えられる。

感覚的不適合「オチの内容に“そんなあほな”と感じた」と論理的不適合「オチの内容に“なるほど”と感じた」の相関分析の結果、社会的弱者である高齢者を皮肉るという「優先席」場面のユーモア高評価群では相関関係が認められず、平均値も、感覚的不適合は中間の値である4未満であった。すなわち、「優先席」場面のユーモア高評価群では、“そんなあほな”と感じれば感じるほど“なるほど”と感じるとは言えない。ユーモア刺激として使用した4コマ漫画に含まれる“おかしみ”を感覚的不適合とするならば、刺激に含まれる攻撃性を笑うためには、感覚的不適合としての“変だ”という感覚を抑制し、論理的不適合を“なるほど”と解決する必要があるのではないかと思われる。Suls（1977）は攻撃的ユーモアの一つされる非難・軽蔑ユーモアにおいては、不適合と不適合解決が重要な意味を持っていると指摘している。攻撃的ユーモア刺激には“変だ”というシグナルとしての不適合と、刺激に含まれる攻撃をユーモアと捉えるための不適合解決が必要であると考えられる。

これまで、ユーモアの攻撃性の認知については個人差があり、ユーモアの受け手が呈示された攻撃的ユーモアの攻撃性を低く認知した場合、攻撃的ユーモアが遊戯的ユーモアと誤って解釈される可能性がある（牧野, 2000）と指摘されてきた。しかし、攻撃性を客観的に受容、納得することで、攻撃性を抑制し笑いに変換するという処理を行った場合、笑い手が本当に誤って解釈したのか、攻撃を傍観者として眺めることで遊戯的ユーモアと解釈したのかを今回の質問紙調査のみから判断することは難しい。

Bergson（1900/1976）は、社会秩序を保つ機能が笑いにあることを論じた。嘲笑という社会的慣行は社会生活の維持のためには必要であり、社会ルールを破る者を笑うことでルールの維持に役立つ「懲罰的ユーモア」と、社会ルールを嘲笑うことでルールを疑い反逆する「反逆的ユーモア」という嘲りの形がある（Billig, 2005/2011）。社会諷刺は、反逆的ユーモアに当たると考えられるが、社会諷刺を笑う者は、社会ルールを嘲笑う者へ共感して笑う場合と、単純にそのユーモアを楽しんで笑う場合があると考えられる。本調査では、そのような個人差を明らかにすることができなかったが、攻撃的ユーモア刺激のユーモア低評価群は「家庭」場面で40.85％、「優先席」場面で52.11％であった。4割以上の人が笑えないしおもしろくない、と判断した攻撃的ユーモア刺激を「笑いそうになったり笑ったりした」「おもしろかった」と評価した者は、コミュニケーションにおける笑いをより必要だと思っていた。自由記述分析結果からは、攻撃的ユーモア刺激のユーモア高評価群は、話の内容に多くの不適合を見出していたことが示された。普段からコミュニケーションにおいて笑いを重視しているために、ユーモアを感知しやすい傾向があると推測される。よって、攻撃的ユーモアを笑うためには、日常生活のコミュニケーションの手段として笑いを重視していることもユーモア評価に影響していることが考えられる。

従来、攻撃的笑いや攻撃的ユーモアは、主に優越感情理論で解釈されてきたが、ユーモア経験に至るための攻撃的ユーモアには、不適合理論における感覚的不適合や論理的不適合だけでなく、日常生活のコミュニケーションにおいて笑いを重視していることも関連していることが示唆されたことからは、笑いの攻撃性をポジティブに捉えることと日常的な笑いに対する態度に何らかの関連があることが推測される。笑いに対する敏感性の高さは、笑ってはいけないことすらも笑い飛ばし、社会に対する皮肉を受け取り、社会という壮大な権力にユーモアを創出するという形で立ち向かう者たちを肯定する大きな力にもなるのかもしれない。

しかし、このことから「だから、笑うことは良いことだ」と単純に正当化することはできない。「ジョークは“ただの”ジョークであり、形式的な巧みな“ただの”遊びであり問題を孕むものではない」と結論づけてしまうことは、からかう側が「からかいやジョークは、いじめや嘲笑ではない」と主張することで、からかわれた側がジョークが分からない者としてさらなる嘲笑を受けることにもつながりかねない（Billig, 2005/2011）。笑いの攻撃性のポジティブな機能とは何か、という疑問に答えるためには、社会諷刺を創り出す者の社会ルールに対する苦悩にどこまで共感しているのかを含めて実証しなければ、笑いの攻撃性のポジティブな側面を明らかにできないのではないだろうか。

したがって、攻撃的ユーモア刺激に含まれる攻撃の性質、攻撃的ユーモアを創造する意図、それらに対する笑い手の受け止め方までを含めて、人間が攻撃的ユーモアを感知することや攻撃的笑いを行うということについて、さらに実証的な知見を重ね、笑いの攻撃性のポジティブな側面を明らかにする必要があると思われる。

【謝辞】論文として発表するにあたり、調査に使用した4コマ漫画について作者サトウサンペイ氏、発行元 朝日新聞社様に著作物使用の許可をいただきましたこと、ここに感謝の意を表します。ありがとうございました。

【付記】本章は、伊藤理絵・本多薫・渡邊洋一（2011）『攻撃的ユーモアを笑う』（山形大学人文学部研究年報，第 8 号，pp.215-227）を再分析した上で、加筆・修正しました。

第９章　結論

――笑いの攻撃性がもたらすもの――

9.1　本書の総括と成果

本研究の目的は、観察、実験、質問紙の方法を用いることで、人に向けた笑い（社会的笑いおよび社会的微笑）の発達を攻撃性の観点から検討し、笑いを親和性・攻撃性の両面から捉える意義について、考察することであった。攻撃を意図した笑いの表出者は、攻撃を向けた相手に対する不愉快さを“笑い”という形で示す。それは、自分と異なる他者に対する一時的な排除であったり、継続的な差別であったり、その不愉快さの質は異なるものと思われる。つまり、笑いに親和性と攻撃性の両面があるために、笑いは内集団形成に寄与する一方で、外集団に対して感じる異質さを排斥することにも寄与するのである。

外集団に属する人々に向けられる感情は、嫌悪感情であり、知覚者の視点に立つと、内集団に属さない人々は人間性に欠けているように見える（原, 2012）。しかしながら、人が笑うとき、笑い手は自分の笑いによって引き起こされた笑われる相手の受けた傷が見えない。笑い手にとっては温厚で善意なからかいであったとしても、笑いの受け手にとっては懲罰的な要素を含んでいるときがある（Billig, 2005/2011）。この点について、代表的な笑いの理論の一つである優越感情理論では、他者を犠牲にして得る優越感による喜びによって表出されるものが「笑い」であるとしてきた。もちろん、優越感情だけで笑いが生じるわけではなく、不適合理論や覚醒理論など、笑いを語る複数の理論が存在している。だが、そのどれもが社会的な笑いについて、発達的視点から説明するものではなかった。本書は、幼児期における笑われる不愉快さの経験や理解について、観察および実験

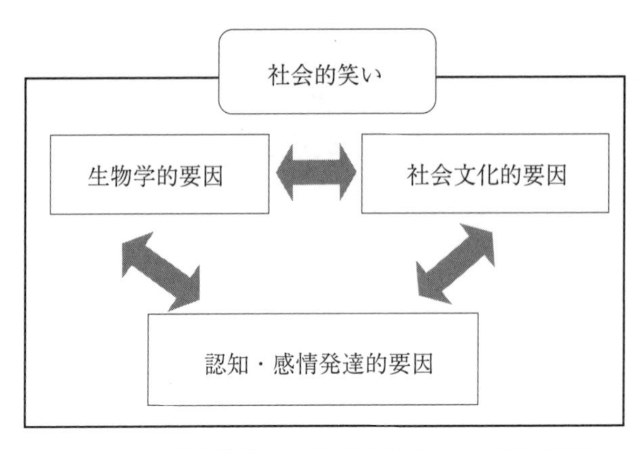

Figure 2.1　社会的笑いの構成要素（イメージ）（再掲）

から検討し、その後の攻撃的ユーモアの理解について論じたことに意義があるといえる。

本書では、社会的笑いの構成要素（Figure 2.1）の観点から、たとえ笑い手に攻撃の意図がないとしても、笑いを向けられた者が傷つくということが幼児期に見られることを明らかにした上で、社会的笑いの発達を笑いの攻撃性の焦点に当て、笑いの両面性（親和性・攻撃性）について考えた。

第１章および第２章では、これまで語られてきた笑いの理論と子ども期における笑いの発達を概観し、第３章から第５章では５つの観察研究を取り上げ、幼児期における社会的笑いの実態と社会文化的要因を明らかにした。

第３章（観察１～2）では、幼児の笑いは、主として他者との親和的・受容的関係の下で表出されており、一日に見せる笑いの頻度の個人差にかかわらず、笑いが他者との社会的相互交渉場面での親和的機能として働いていることが示された。

幼児の笑いには、攻撃を意図した笑いはほとんど見られない。しかし、第４章（観察３～4）では、少ないながらも表出される幼児の攻撃的笑いについて検討し、頻度においても表出形態においても幼児の攻撃的笑いが“見えにくい”ことを明らかにした。仲間と示す攻撃的笑いは、仲間同士では他者を笑うことで親和性を示す一方で、笑いを共有できない他者は仲間から排除されるという、一つの笑いに親和性と攻撃性という二重の働きがあった。

親和的笑いにしろ攻撃的笑いにしろ、示す場面が適切でなければ、その笑いが受容されることはない。第５章（観察5）では、笑いの適切さ／不適切さ（笑いの適切性）に関する規範の内面化過程を考えるにあたり、笑いを伴う幼児の行動について、保育士等の大人が「不適切」と判断し介入した事例を取り上げた。保育士等の大人は状況に応じて守るべき行動の基準を変えており、幼児の笑いの不適切さではなく、笑いが付随する行動の不適切さに焦点を当て、婉曲的に指摘する傾向が示唆された。大人が幼児の笑いを伴う行動を受容しなかった際、幼児の表情から笑いが消えることが多かったが、そのような経験を日々積み重ねることで、幼児は笑いがいつも受容されるものではないこと、不適切な場面での笑いは相手に不愉快さをもたらすことがあることを、理解するようになっていくことが推察される。

第６章では、幼児の笑いの不愉快さに関する理解という認知・感情発達的要因に焦点を当て、笑われる不愉快さを幼児がどのように説明するかを実験によって検討した。笑われたことで生じる結果を予測し説明することは心の理論と関連があり、笑われて泣いた結果の原因を説明することは感情理解と関連があることから、笑われた結果を知る前後の理解については異なる発達プロセスが考えられることが示唆された。また、幼児期において年齢が進むほど、笑われることが時にネガティブな感情をもたらすことを説明できるようになることが明らかになった。

第７章と第８章では、幼児期以降、笑いのネガティブな側面を見聞きする経験を積み重ねてきた青年期の大学生を対象に、不愉快な笑いや社会諷刺のようなユーモア刺激をどのように認識しているのかという認知・感情発達的要因を質問紙調査によって検討した。第７章において、不快な笑いの経験が「ある」と答えた者は、「笑い」から思い浮かべる言葉として、「コミュニケーション，会話」を挙げる者の方が、不快な笑いの経験が

「ない」と答えた者より有意に多かった。不快な笑いのエピソードには、TPOをわきまえない笑いは不快であるということや、自分だけでなく、他者を傷つける笑いに対する不快なエピソードが挙げられていた。人は、笑いに対するポジティブな経験だけでなく、笑いに含まれる攻撃性や笑いによる不愉快さを感じるような笑いに対するネガティブな経験をすることで、笑いは、他者とのコミュニケーションの中で適切に用いなければならないものであるという意識をもつようになることが考えられる。

笑いの親和性も攻撃性も、ともに経験することによって、コミュニケーションにおける笑いをポジティブな側面からもネガティブな側面からも捉えられるようになり、笑いを向ける相手の立場に立って考えられるようになるのではないだろうか。そのような意味では、笑いにより生じるポジティブな感情もネガティブな感情も、どちらも経験することが重要であると思われる。

第8章では、社会諷刺のような攻撃的ユーモアについて取り上げ、笑いを単純に「親和性」「攻撃性」と二分することで、前者を笑いのポジティブな側面、後者を笑いのネガティブな側面と見なすのではなく、笑いの攻撃性にもポジティブな側面とネガティブな側面があることを示した。社会諷刺の対象となった者にとっては攻撃的な笑いであっても、それが全ての人々にとって攻撃性を意味するわけではなく、社会への憤りを抑圧してきた感情を放出する“救い”となる場合がある。救われた者にとってはポジティブな笑いであっても、笑われる対象となった者にはネガティブな笑いであることは、笑いを考える際、笑いという行動の事実だけで笑いの示す意味が決まるのではないこと、他者との関係性や笑いが生じた文脈を抜きに、笑いを語ることはできないことを意味している。

しかしながら、Billig（2005/2011）が指摘するように、笑いやユーモアの研究者たちは、ポジティブな側面について多くを語る傾向にあり、笑いやユーモアを賞賛することが求められる風潮にある。乳児の笑い（微笑）のかわいらしさが故、子どもの笑いについては尚のこと、そのような傾向がないだろうか。

確かに、第3章で示したように、幼児は、他者との親和的・受容的関係の下で笑うことが多かった。それは、笑いの少ない子どもであっても同様であった。第4章で得られた幼児の攻撃的笑いの割合の少なさは、幼児の社会的笑いは親和的笑いがほとんどであり、攻撃的笑いは滅多に示されないことを実証したと言える。第7章では、幼児期以降、笑いの不愉快な側面を多く見聞きしてきたであろう大学生であっても、笑いを「楽しいもの」とポジティブに捉えており、不愉快な笑いの経験を意識している者であっても、「笑い」という言葉からネガティブなイメージを述べる者はほとんどいなかった。よって、笑いがポジティブなものとして捉えられやすいことは、本書でも明らかである。

だが同時に、第6章において、笑いのネガティブな側面を説明できる幼児がいることも明らかになった。「人に笑われたら嫌な気持ちがする」という幼児の言葉からは、笑いは時に人を傷つける場合があることを幼児が理解しており、「笑われて悲しかった時、（自分も）あるよ。」という発言からは、第7章で大学生が自覚している不快な笑いを経験した時期が思春期に多かった一方で、幼児期でも既に不快な笑いを経験しており、さらには言語報告ができる子どもがいることを示している。

これまで子どもは4歳を過ぎるまでは、他の子どもについて尋ねられた場合、その子の内的な知識に立ち入ることができないことが心の理論の研究で明らかにされてきた（プリマック, 1988/2004）。本書でも「笑われると悲しい」という笑われた相手の内的な情動の説明ができたのは、4歳を過ぎた子どもたちであった。また、情動の発達については、情動そのものの経験や表出に関する発達だけでなく、子どもが他者の情動やその他の感情現象をいかに受け止め、反応し得るようになるかという側面の発達を切り離して考えることはできない（遠藤, 2013）。笑われる不愉快さを幼児がどのように説明するかを検討した第6章では、笑われる不愉快さを「泣き」という行動で示す課題を使用したが、「泣き」ではなく「怒り」や「驚き」で示すこともあれば、笑われた不愉快さを「笑い」で切り返す場合もあり得る。

本書では、実際の保育場面で見られたエピソードから課題を作成したため、不愉快な笑いに対する情動表出を「泣き」に限定し、その他の反応について明らかにすることができなかった。また、第6章は、不愉快な笑いに気づくようになる最初の時期である幼児期の子どものみを対象としており、皮肉や嫌味、社会諷刺などを理解できるようになる児童期以降の発達過程を検討できなかった。笑われたことで「泣く」という結果を予測し、そのことを笑いに帰属にさせて説明することが心の理論課題の中でも、特に高次の他者理解を必要とする課題と関連が高いことが示されたことから、児童期以降に他者理解が深まることで、幼児期とは異なる結果が得られる可能性があることは十分に考えられることである。よって、笑われて生じる情動とその表出の発達、そして他者が表出した情動の現象に対する理解がどのように関連し、発達していくのか、幼児期から児童期、青年期、そしてその後の発達段階までも含めて明らかにする必要があると思われる。

以上の課題は残るものの、本書では、幼児期において笑いのネガティブな側面を説明できる子どもがいること、幼児であっても攻撃的笑いを表出することがあるという結果が得られたことにより、幼児期において嘲笑の芽生えなるものが現れていることが明らかにされた。本書で得られた成果を、社会的笑いの構成要素（Figure 2.1）の観点に基づき、整理するとFigure9.1にまとめられる。

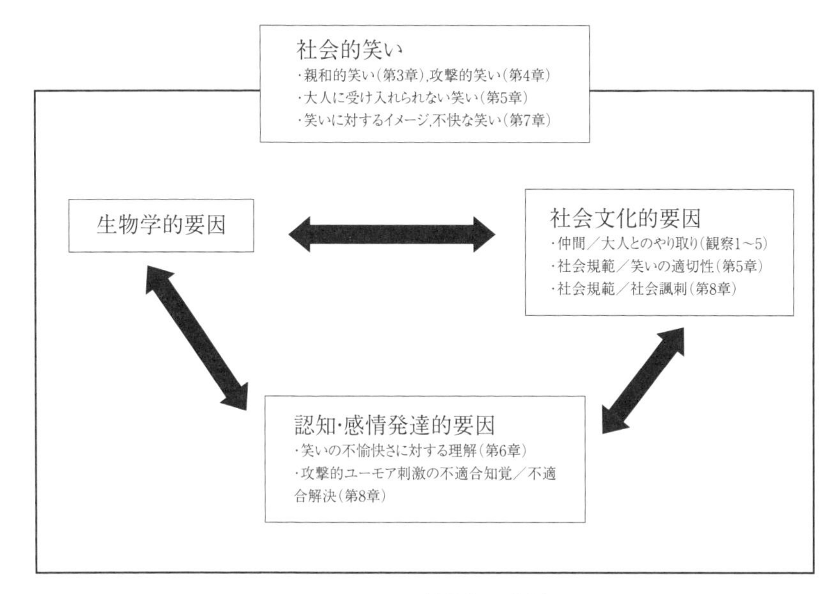

Figure9.1　本研究の成果

本書は、観察法や質問紙法といった複数の方法およびアプローチを用いて、これまで光が当てられることが少なかった社会的笑いのネガティブな側面や嘲笑の発達について、幼児期から研究することの意義を示したという点で、今後の笑いの発達研究に重要な示唆を与えるものである。

9.2　今後の課題

社会的笑いの発達は、人と人をつなぐ親和的な性質をもったものから、笑われることの不愉快さの経験や仲間集団から排除するための攻撃として他者を笑うなど、次第に複雑性・多様性が増していく。攻撃としての笑いは、嫌味や皮肉、社会諷刺などの方法で、笑いの攻撃性を利用し、攻撃手段として笑いが巧みに用いられるようにもなる。本書では、笑いのネガティブな側面に気づく過程の一部と笑いの多種多様な発達の一部を幼児期と青年期を対象にした研究から明らかにしてきた。

笑いの攻撃性に焦点を当てて社会的笑いを論じることは、大人につれ笑いが多様になることを示す一つの側面である。しかし、幼少期に冷やかしや嘲りの経験の対象となった経験を繰り返すことで、社会的なやりとりの中で生じるあらゆる種類の笑いを楽しむことが非常に困難にもなることも知られている（Martin, 2007/2011）。近年、人から笑われることへの恐れ（the fear being laughed at）として「笑われ恐怖症（gelotophobia）」に関する研究が、特に海外で多くなされている。笑いに対する恐れが強いと、コミュニケーションにおいて他者の笑いを適切に読み取れなかったり、喜びの表出が少なかったりする傾向が強いことが示唆されている（Platt, et al., 2013）。

また、Proyer & Neukom（2013）は、笑われることへの恐れ（笑われ恐怖症）だけでなく、笑われることへの喜び（the joy of being laughed at; gelotophilia）および他者をからかうことへの喜び（the joy of laughing at; katagelasticism）について、7～8歳の子どもとその両親の関係を検討した。その結果、女児に関しては、母親と娘の katagelasticism（からかうことへの喜び）に関連がみられ、特に8歳児の娘とその母親の katagelasticism に正の相関が示された。また、男児に関しては、7歳児の息子の katagelasticism とその両親の gelotophilia（笑われることへの喜び）に、さらに8歳児の息子とその両親の gelotophobia（笑われることへの恐れ）に正の相関があるなど、性別と年齢で異なる傾向がみられた。これらの結果が示す親子関係と笑われ恐怖症の関連については、さらに検証を重ねる必要があるが（Proyer & Neukom, 2013）、笑われることの恐れの程度は、母親および父親とのアタッチメント関係、文化、自閉症スペクトラム障害など、複数の要因も関連しているとされている（Wu et al., 2015）。子ども期における笑いに対する感受性や表出性の個人差が、コミュニケーションにおける笑いの経験に何らかの影響を及ぼす可能性があるのであれば、社会的笑いの発達に関連する要因については、今後さらに精細に実証する必要があるだろう。

また、社会的笑いの発達に関連する要因は、親子関係に限らず、子ども期において、子どもが表出した笑いに対して周囲がどのようにかかわるかという点で検討すべき要因であると思われる。例えば、幼児のふざけ行動について堀越（2003）は、ふざけが特定の仲間との関係構築、関係確認、関係強化を図るコミュニケーション手段として用いられることを示した。しかし、本書で取り上げた幼児の攻撃的笑い（攻撃を意図した笑い）は、ふざけ行動に見られるような良好な仲間関係の維持・発展をもたらす機能を持ち合わせない。なぜなら、第４章でみたように、攻撃的笑いを行う幼児は、相手との関係を絶ったり、自分を優位に立たせたりするために笑っており、一時的にであれ継続的にであれ、そこに攻撃的笑いを向ける相手との関係や遊びをさらにポジティブなものに発展させようという意図は見受けられないと思われるからである。

岡林（1995）は、５歳児男児２名について、この頃の幼児に普遍的に見られる言葉遊び的な対話だけでなく、応答関係の中で相手の発言に対し「ばかやろう」と言う台詞で反応するような「ボケ－ツッコミ的対話」が見られた事例を取り上げ、２人の人間関係の質的な変化について自然観察法を用いて分析した。そこでは、「ばかやろう」というツッコミをする男児とそれを共感的に受け止めていた男児の人間関係のバランスが徐々に崩れ、ツッコミ役の男児の攻撃的態度や非社会的行動がエスカレートしていき、ボケ役だった男児のツッコミ役の男児に対する心理的距離がさらに離れていく時期を経る中で、ツッコミ役だった男児が自分の攻撃的行動を改め、協調的な行動を示し、ボケ役の男児の行動を受け止めるようになる様子について記述されている。

この事例は、たとえ、優越感からくる攻撃的な笑いを仲間に向けていた幼児であっても、その笑いに拒否的になった相手に対し、親和的な笑いを用いることで人間関係を再構築するような変化が見られる可能性があることを示唆している。したがって、幼児教育に関わる大人は、ある幼児が攻撃的笑いを見せていたとしても、それを頭ごなしに悪いと決めつけるのではなく、攻撃的な行動や不愉快な笑いを向けてしまう幼児の背景にも思いを至らせる視点をもつことが大切であると言える。

しかし、そうは言ってもやはり、攻撃的笑いを向けられた子どもの心に傷はつく。岡林（1995）の観察記録には、ボケ役の男児が、協調的な行動を示すようになったツッコミ役の男児と再び遊ぶようになっても、自嘲的な台詞を発したり、すぐ泣いてしまう姿が見られるようになったりする様子から、その子が受けた傷が癒えていないことを感じたことが記されている。これは、攻撃的笑いを行う幼児だけでなく、攻撃的笑いを受けた幼児の気持ちに思いを至らせ、配慮する大人の役割について考えさせられる記録であると思われる。

「ボケ－ツッコミ的対話」をしている男児２名の様子は、一見すると、対話の中で生まれるおもしろさを共有し、楽しく遊んでいるように見えるかもしれない。第３章で示したように、幼児に見られる笑いの多くは親和的笑いであり、笑いが少ない幼児も他者との親和的・受容的関係のもとでよく笑う。しかしながら、第４章で明らかにしたように、幼児期においても攻撃としての笑いは見えにくいが存在している。幼児の笑いの良さだけに注目し、幼児の笑い全てをポジティブな笑いと捉えていては、親しい大人と親和的な笑いのやり取りをしてきた幼児が、同年代の他者とのやり取りの中で相手の笑いの意図を理解できずに傷つく場面において、幼児を取り巻く大人が、傷ついた幼児の行動を適切に解釈できず、心に寄り添えないことがあるのである。

学校におけるいじめ問題が度々クローズアップされるが、いじめも攻撃的笑いのように、見えにくい性質をもっており（森田・清水, 1994）、今日的ないじめは周りからいじめだと気づかれないように巧妙に偽装・隠蔽するため、ますます大人や教師から「見えにくく」なっていると言われている（原, 2011）。幼児期においても、すでにいじめの３つの要素（加害者の複数性、攻撃・拒否的行動の継続性、被害者の精神的苦痛）を満たす行動が見られている（畠山・山崎, 2003）。第７章でみたように、笑いは不愉快な笑いの経験があったと報告する者にとっても、ポジティブなイメージを抱きやすい性質のものであった。笑いがポジティブに捉えられる傾向があるがために、「ボケ－ツッコミ」関係の子ども同士のやり取りに笑いが伴う場合、その関係が実際には対等関係にない場合であっても、周囲の子どもだけでなく大人からも良好な仲間関係の中で展開されている“遊び”であるとポジティブに解釈されてしまうことで、攻撃的笑いを向けられた幼児に対して不適切な対応をしてしまうことがあると思われる。

第5章でみたように、大人が示す子どもの笑いへの対応は、子どもが自分の笑いを顧みたり、他者の笑いを解釈したりする際の直接的および間接的なモデルになると思われる。しかし、幼児期における笑いの両面性（親和性・攻撃性）の発達過程について十分な検討がなされなければ、笑いの解釈について誤解があったときの調整がうまくいかなかったり、笑い手と受け手の認識のズレにより傷ついている子どもを見逃してしまったりすることもあるのではなかろうか。幼児期における笑いの両面性（親和性・攻撃性）の意味を理解する過程を明らかにすることは、「笑い」という側面から子どもの言動を的確に捉え、対応するための一つの視座を得ることにつながるのではないか、本書はこのような観点から、社会的笑いについて考察してきた。

しかし、なぜ、生まれながらに備わっている笑いの表情が、このような両面性を携える形で社会的笑いとして発達するのか、その謎は今後も問い続けるべき課題として残されたままである。社会的笑いの発達は、この世に生きる我々にとってどんな意味があり、何をもたらすのであろうか。それぞれの人間の笑いがどのように発達すれば、誰もが幸せになれる社会になるのだろうか。

人間は、ヒトのような姿・動きのあるものに、自分の感覚世界と同じようなものが他個体にも存在すると感じるように進化してきた（金沢, 1999）。他の人たちも自分と同様な知的経験を持ち、行動に関して同様な理由付けを有しているという仮定が、他者を理解する助けとなり、毎日の生活における社会的行動を容易にしているのである（Johnson-Laird, 1983）。我々は、自分の枠の中でしか他者の心を含めたあらゆる事象を理解することができないのだ。

だが、枠の中で捉えられない現実はたくさんある。それでも、我々は枠の中で何とか処理して生きようとする。その過程において、笑いを表出し、他者を傷つけることがあるかもしれない。だが、それをも正当化してしまう人、笑いが他者を傷つけることに気付かず、傷つけたことすら分からない人、傷つけたことに罪悪感を抱きながら前に進む人……人には様々な処理の仕方がある。そして、中には、自分が処理できる範囲の枠を広げる、自分の枠自体を変えようと努力しようとする人もいる。Maslow（1962/1964）のいう自己実現の過程の中で苦闘する人間、そして精神的な成長を遂げる人間とはこのような人なのかもしれない。笑われることが「恐れ」につながるのであれば、このような人にとっては、笑うこともまた「恐れ」につながるものかもしれない。

自分が今まで培ってきた価値観の枠を広げる、自分の今までのメンタルモデルを変えようとするのは、相当な労力を要するのもまた事実である。河合（2000）が指摘するように、人には死ぬほど苦しいことがあり、そこを乗り越えないと成長せず、ある意味、死んで生まれ変わっていくということがある。その過程に耐えられず、実際に死を選ぶ者もいるだろう。もしくは、その葛藤を回避しようと、頑なに自分を守ろうとする者もいるだろう。前者の選択は絶対に避けてほしいものだが、後者の選択については否定するつもりはない。だが、自分を守ろうとするあまり、受け入れられない価値観を持った他者を攻撃するのだとしたら、それは到底肯定できない。それぞれの人々のはらう努力や成し遂げた熟達の意味が、その人の価値観との関係において評価される（波多野・稲垣, 1981）、そんな社会の実現が望まれる一方で、人間の邪悪性によりスケープゴートにされ、傷つき病んでいく人々が現実に存在するのもまた事実である。

松谷みよ子（1987）の絵本『わたしのいもうと』では、言葉が変だと笑われ、いじめに遭い、傷つき、死んでいく少女が残した次のようなメモが最後に示される。

「わたしを　いじめたひとたちは　もう　わたしを　わすれてしまったでしょうね　あそびたかったのに　べんきょうしたかったのに」

このような言葉を残して亡くなってしまう人々が存在する要因の一つに、笑いがもつネガティブな側面を見て見ないふりをすることが含まれる可能性が少しでもあるならば、笑いをポジティブな側面だけでなく、ネガティブな側面をも併せもつ現象として捉え、考えていく必要があるのではなかろうか。

笑いは喜びの表れであると言われる。笑いにより、他者と他者が親和的に結びつき、その力は平和にもつながるだろう。しかし、そのような笑いのポジティブな側面を奨励・賞賛するだけではなく、自分が表出した笑いのために他者を破滅に追いやることがある危険性を自覚することもまた、人間だからこそできることではあるまいか。

自分が今まで培ってきた価値観の枠を広げる、世界の現象を理解するためのメンタルモデルを変えようとすることに、相当な労力を要することは事実である。だが、自分を守ろうとするあまり、受け入れられない価値観を持った他者を攻撃するのだとしたら、それが笑いやユーモアを利用した、たとえ婉曲的な方法であるとしても、肯定することはできない。笑って済まされないこと、ユーモアだったという言い訳にはならないことは、やはりあると思われるのである。

人間は、どこまで自分と異なる価値観をもつ他者を受け入れることができるのか。この疑問を問い続け、笑いの攻撃性に焦点を当て続けることが、今現在、人間の笑いによって心が傷つき、暗い淵で生きている人々だけでなく、生きることを途中で止めざるを得なかった人々の希望の光になることを祈念し、今後も研究を続けていきたいと思っている。

あとがき

本論は、2015年度に白梅学園大学大学院に提出した博士学位論文を加筆・修正し、若干のデータを加えた上でまとめ直したものです。博士論文をまとめるにあっては、指導教員の佐久間路子先生に多大なるご指導、ご助言をいただきました。

笑いの発達、特に、笑いの攻撃性に焦点を当てて研究を続けていますが、博士論文としてまとめるまでには、数々の困難があり、多くの方々に助けられました。感謝の気持ちは博士論文にも記しましたが、それでもなお足りません。ここにどのように書けば伝わるのか考えましたが、自分の研究をさらに進めること、保育者養成校の教員として社会に貢献することで返していきたいと思います。

現在、教育に携わっている身ではありますが、私自身は学校というものが苦手で、中学の半分は教室で勉強することがありませんでした。高校にも行きませんでした。中学を卒業した年に大検に合格した後は受験勉強に馴染めず、自分が学びたいことを学びたいように学ぶことができる放送大学を選びました。そこで出会ったのが、本多薫先生と波多野誼余夫先生です。お二人に出会わなかったから、今の私はなかったと思うほど、人生の中で最も自分を否定し、自己肯定感をもつことができなかった時期に研究を続ける力を与えてくださいました。

本多薫先生は、どんな時でも私の研究を意義あるものと言い続け、支えてくださいました。研究者として真摯に誠実に生きることを教えてくださったことは、一生忘れることはありません。波多野誼余夫先生は、「あなたの研究はユニークで期待をもたせるもの。それが分かったらおもしろい。」「あなたが本当に知りたいことを、とことんやりなさい。」とおっしゃってくださり、道徳性の研究者である内藤俊史先生につなげてくださいました。内藤先生の下で修士論文をまとめられたことで、現在行っている道徳性から笑いの発達を考える研究に繋がっています。

波多野先生が亡くなった後、自分の研究テーマが社会には受け入れられないのではないかと悩んだ時期がありましたが、それでも自分の研究には意味があると信じられたのは、先生の言葉を拠り所にできたからと言っても過言ではありません。先生がにこにこ笑いながらおっしゃってくださった言葉は、生涯の心の支えになると思っています。

本書を刊行するにあたっては、名古屋女子大学教育・基盤研究助成（交付番号 2813, 2919)、JSPS 科研費 JP16H07395 の助成を受けました。溪水社の木村逸司様、木村斉子様には、出版に至るまで多大なご尽力をいただきましたこと、厚く御礼申し上げます。

最後になりましたが、これまで研究する場を与えてくださった先生方、所属も業績もなかった頃から研究することを励まし支えてくださった皆様、研究にご協力いただいた全ての皆様に改めて感謝するとともに、研究と教育に携わっていることを喜び、励まし続けてくれている家族に心から感謝します。

ありがとうございました。

2017 年 7 月 10 日

文　献

Aksan, N., & Kochanska, G. (2004). Heterogeneity of joy in infancy. *Infancy*, 6 (1), 79-94.

Averill, J.R. (1969).Autonomic response patterns during sadness and mirth. *Psychophysiology*, 5, 399-414.

青井倫子（1998）. 幼児の仲間関係. 萩原元昭（編著）. *幼児教育の社会学*. pp.41-58. 東京：放送大学教育振興会.

Astington, J.W., & Hughes, C. (2013). Theory of Mind: Self-Reflection and Social Understanding. In P.D.Zelazo (Ed.), *The Oxford Handbook of Developmental Psychology Vol.2*, pp.398-424, NewYork: Oxford University Press.

Bainum, C.K., Lounsbury, K.R., & Pollio, H.R. (1984). The Development of Laughing and Smiling in Nursery School Children. *Child Development*, 55(5), 1946-1957.

Bergson, H. (1900).*Le rire*. Paris：PUF.（林達夫（訳）(1976). 笑い（改訂発行）. 東京：岩波書店.）

Berlyne, D.E. (1972). Humor and it's kin. In J.H.Goldstein & P.E.McGhee (Eds.), *The psychology of humor : Theoretical perspectives and empirical issues* (pp.43-60). New York：Academic Press.

Billig, M. (2005). Laughter and Ridicule: Towards a Social Critique of Humour. London: Sage.（鈴木聡志（訳）(2011). 笑いと嘲り ユーモアのダークサイド. 東京：新曜社.）

Bryant, J. (1977).Degree of hostility in squelches as a factor in humor appreciation. In A.J. Chapman & H.C. Foot (Eds.), *It's a funny thing, humour* (pp.321-327). Oxford：Pergamon Press.

Buchowski, M. S., Majchrzak, K. M., Blomquist, K. K., Chen, K. Y., Byrne, D. W., & Bachorowski, J. A. (2007). Energy expenditure of genuine laughter. *International Journal of Obesity*, 31(1), 131-137.

Cutting, A., & Dunn, J. (1999). Theory of Mind, Emotion Understanding, Language, and Family Background: Individual Differences and Interrelations. *Child Development*, 70(4), 853-865.

Darwin, C.(1872). *The Expression of the Emotions in Man and Animals*. New

York: Appelton.（濱中濱太郎（訳）(1931). 人及び動物の表情について. 東京：岩波書店.）

Denham, S. A. (1986). Social Cognition, Prosocial Behavior, and Emotion in Preschoolers: Contextual Validation. *Child Development*, 57(1), 194-201.

堂本真実子（2002）. *学級集団の笑いに関する民族誌的研究*. 東京：風間書房.

Dunn, J. (1988). *The Beginnings of Social Understanding*. Oxford: Blackwell.

Ekman, P., & Friesen, W. V. (1975). *Unmasking the face: A guide to recognizing emotions from facial clues*. Oxford England: Prentice-Hall.（工藤力（訳編）(1987). 表情分析入門 表情に隠された意味をさぐる　東京：誠信書房.）

Ekman, P., & Friesen, W. V. (1982). Felt, false, and miserable smiles. *Journal of Nonverbal Behavior*, 6(4), 238-252.

Ekman, P., Davidson, R. J., & Friesen, W. V. (1990). The Duchenne smile: Emotional expression and brain physiology: II. *Journal Of Personality And Social Psychology, 58*(2), 342-353.

遠藤利彦（2011）. 赤ちゃんのこころに引き込まれる―錯覚と発達. 遠藤利彦・佐久間路子・徳田治子・野田淳子（著）. *乳幼児のこころ－子育ち・子育ての発達心理学*. pp. 3-15. 東京：有斐閣.

遠藤利彦（2013）. *「情の理」論 情動の合理性をめぐる心理学的考究*. 東京：東京大学出版会.

Feinberg,L.（1978）. *The Secret of Humor*.　Amsterdam：Rodipi.（勝浦吉雄・安達秀夫・田中寿美（訳）(1996). *ユーモアの秘密*. 東京：文化書房博文社.）

Ferguson,M.A.,& Ford,T.E.(2008).Disparagement humor: A theoretical and empirical review of psychoanalytic, superiority, and social identity theories. *Humor*, 21(3), 283-312.

Fox, N. A., & Davidson, R. J. (1987). Electroencephalogram asymmetry in response to the approach of a stranger and maternal separation in 10-month-old infants. *Developmental Psychology, 23*(2), 233-240.

Fox, N. A., & Davidson, R. J. (1988). Patterns of brain electrical activity during facial signs of emotion in 10-month-old infants. *Developmental Psychology*, 24(2), 230-236.

Freud, S. (1905). Der *Witz und seine Beziehung zum Unbewussten.*（生松敬三（訳）(1970). *機知：その無意識との関係（フロイト著作集 第4巻）*. 京都：人文書院.）

藤野博・森脇愛子・神井享子・渡邉真理子・椎木俊英（2013）. 学齢期の定型発達児と高機能自閉症スペクトラム障害児における心の理論の発達：アニメー

ション版心の理論課題 ver.2 を用いて. *東京学芸大学紀要. 総合教育科学系,* 64 (2), 151-164.

Giles, J. D., & Heyman, G. D. (2005). Young Children's Beliefs About the Relationship Between Gender and Aggressive Behavior. *Child Development,* 76(1), 107-121.

Gordon, M. (2013). *Humor, Laughter and Human Flourishing: A Philosophical Exploration of the Laughing Animal.* New York: Springer.

濱治世・鈴木直人（2001). 感情・情緒（情動）とは何か. 濱治世・鈴木直人・濱保久（共著). *感情心理学への招待－感情・情緒へのアプローチ*（pp.1-62). 東京：サイエンス社.

原清治（2011). ケータイの利用実態といじめの今日的特質. 原清治・山内乾史（編著). *ネットいじめはなぜ「痛い」のか.* pp. 1-23. 京都：ミネルヴァ書房.

原塑（2012). 刑法における嫌悪感情の役割と社会脳－リーガル・モラリズムと嫌悪感情. 苧阪直行（編). *社会脳シリーズ2　道徳の神経哲学　神経倫理からみた社会意識の形成.* pp. 183-217. 東京：新曜社.

原坂一郎（1997). 幼児と笑い. *笑い学研究,* 4, 4-10.

橋元良明（1994). 笑いのコミュニケーション. *月刊言語,* vol.23, No.12, 42-48. 東京：大修館書店.

畠山美穂・畠山寛（2012). 関係性攻撃幼児の共感性と道徳的判断, 社会的情報処理過程の発達研究. *発達心理学研究,* 23(1), 1-11.

畠山美穂・山崎晃（2002). 自由遊び場面における幼児の攻撃行動の観察研究：攻撃のタイプと性・仲間グループ内地位との関連. *発達心理学研究,* 13(3), 252-260.

畠山美穂・山崎晃(2003). 幼児の攻撃・拒否的行動と保育者の対応に関する研究：参与観察を通して得られたいじめの実態. *発達心理学研究,* 14(3), 284-293.

波多野誼余夫・稲垣佳世子(1981). *無気力の心理学.* 東京：中央公論新社.

Hay, J. (2000). Functions of humor in the conversations of men and women. *Journal of Pragmatics,* 32(6), 709-742.

林創（2002). 児童期における再帰的な心的状態の理解. *教育心理学研究,* 50(1), 43-53.

平井信義, 山田まり子（1989). *子どものユーモア　おどけ・ふざけの心理.* 大阪：創元社.

広崎真弓（2010). 笑いの効果－健康科学からのアプローチ. 木村洋二（編). *笑いを科学する ユーモア・サイエンスへの招待*（pp. 141-150). 東京：新曜社.

堀越紀香（2003). ふざけ行動にみるちょっと気になる幼児の園生活への対処. *保育学研究,* 41(1), 71-79.

堀越紀香・無藤隆（2000）. 幼児にとってのふざけ行動の意味－タブーのふざけの変化－. *子ども社会研究*, 6, 43-55.

飯沢匡（1977）. *武器としての笑い*. 東京：岩波書店.

井上宏（1984）. *笑いの人間関係*. 東京：講談社.

井上宏（1994）. 笑いと人間関係. *笑い学研究*, 1, 19-22.

井上宏（1997）. なぜ人は笑うのか・人間関係は笑いとともに. 井上宏・織田正吉・昇幹夫（著）. *笑いの研究*. pp.15-52, 91-118. 東京：フォー・ユー.

井上宏（2004）. *笑い学のすすめ*. 京都：世界思想社.

石田聖子（2008）. イタリア・ファシズムと笑い カンパニーレとサヴァッティーニ. *笑い学研究*, 15, 36-44.

石田聖子（2009）. アヴァンギャルドな笑い－アルド・パラッツェスキの未来派宣言「反苦悩」にみる笑いの認識－. *笑い学研究*, 16, 34-41.

伊藤大幸（2007）. ユーモア経験に至る認知的・情動的過程に関する検討：不適合理論における２つのモデルの統合へ向けて. *認知科学*, 14(1), 118-132.

伊藤大幸（2010）. ユーモアの生起過程における論理的不適合および構造的不適合の役割. *認知科学*, 17(2), 297-312.

伊藤美奈子（1998）. 不適応行動の諸相. 無藤隆（編著）. *児童心理学*. pp.124-133. 東京：放送大学教育振興会.

伊藤理絵（2003）. 幼児期における笑いの発生とコミュニケーションについて－幼児の笑いの観察記録から－. *平成15年度放送大学卒業研究*.

伊藤理絵（2012）. 笑いの性差に関する検討：大学生の意識調査から. *笑い学研究*, 19, 122-127.

伊藤理絵（2014）. 高齢期における笑いの性差に関する予備的検討. *白梅学園大学大学院論叢*, 5, 73-83.

岩瀬真生（2012）. 笑いの神経科学. 苧阪直行（編）. *社会脳シリーズ２　道徳の神経哲学　神経倫理からみた社会意識の形成*. pp. 129-155. 東京：新曜社.

Johnson-Laird, P. N.（1983）. *Mental Models*. Cambridge University Press.（海保博之（監修）(1988). *メンタルモデル　言語・推論・意識の認知科学*. 東京：産業図書株式会社.）

金沢創（1999）. *他者の心は存在するのか－＜他者＞から＜私＞への進化論*. 東京：金子書房.

河合隼雄（2000）. *人の心はどこまでわかるか*. 東京：講談社.

Kawakami, K.（1978）. A Longitudinal Study of the Socialization Process in Early Infancy. *慶應義塾大学大学院社会科学研究科紀要*, 18, 39-45.

川上清文（1978）. 乳児の社会化過程の縦断的研究. *教育心理学研究*, 26(3), 56-60.

Kawakami, K., Takai-Kawakami, K., Tomonaga, M., Suzuki, J., Kusaka, T., &

Okai, T. (2006). Origins of smile and laughter: A preliminary study. Early *Human Development*, 82(1), 61-66.
川上清文・高井清子・川上文人 (2012). *ヒトはなぜほほえむのか　進化と発達にさぐる微笑の起源*. 東京：新曜社.
風間みどり・平林秀美・唐澤眞弓・TAEDIF, Twila・OLSON, Sheryl (2013). 日本の母親のあいまいな養育態度と4歳の子どもの他者理解：日米比較からの検討, 発達心理学研究, 24(2), 126-138.
木村晴 (2006). 感情の制御. 北村英哉・木村晴 (編). *感情研究の新展開*. pp.193-210. 京都：ナカニシヤ出版.
Kochanska, G., & Aksan, N. (1995). Mother-Child Mutually Positive Affect, the Quality of Child Compliance to Requests and Prohibitions, and Maternal Control as Correlates of Early Internalization. *Child Development*, 66(1), 236-254.
厚生労働省 (2008a). *保育所保育指針<平成20年告示>*.
厚生労働省 (2008b). *保育所保育指針解説書*. 東京：フレーベル館.
厚生労働省 (2017). *保育所保育指針<平成29年告示>*.
子安増生 (1999). *幼児期の他者理解の発達：心のモジュール説による心理学的検討*. 京都：京都大学学術出版会.
工藤力 (1999). しぐさと表情の心理分析. 東京：福村出版.
La Fave, L., Haddad, J., & Maesen, W. A. (1976). Superiority, enhanced self-esteem, and perceived incongruity humour theory. In A. J. Chapman, H. C. Foot (Eds.), *Humor and laughter: Theory, research, and applications* (pp. 63-91). Piscataway, NJ US: Transaction Publishers.
Lavelli, M., & Fogel, A. (2005). Developmental Changes in the Relationship Between the Infant's Attention and Emotion During Early Face-to-Face Communication: The 2-Month Transition. *Developmental Psychology*, 41(1), 265-280.
牧野幸志 (2000). 心理的リアクタンスに及ぼすユーモアの効果. *高松大学紀要*, 34, 43-52.
牧野幸志(2005). 説得とユーモア表現－ユーモアの効果の生起メカニズム再考－. *心理学評論*, 48(1), 100-109.
Martin, R.A. (2007). *The psychology of humor: An integrative approach*. Burlington: Elsevier. (野村亮太・雨宮俊彦・丸野俊一 (監訳)(2011). ユーモア心理学ハンドブック. 北大路書房.)
丸野俊一 (1991). 社会的相互交渉による手続き的知識の改善と"自己－他者"視点の分化・獲得. *発達心理学研究*, 1(2), 116-127.

Maslow,A,H.(1962). *Toward a psychology of Being.* USA: D.van Nostrand.（上田吉一（訳）(1964). *完全なる人間－魂のめざすもの－*. 東京：誠信書房.）

McGhee, P.E.（1979). *Humor: Its origin and development.* San Francisco, CA: Freeman.（島津一夫（監訳）(1999). *子どものユーモア－その起源と発達－*. 東京：誠信書房.）

松井智子（2013). *子どものうそ，大人の皮肉－ことばのオモテとウラがわかるには*. 東京：岩波書店.

松阪崇久（2008). 笑いの起源と進化. *心理学評論*，51(3)，431-446.

松阪崇久（2013). 新生児・乳児の笑いの発達と進化. *笑い学研究*, 20, 17-31.

松阪崇久（2014). ヒトはなぜ笑うのか？－行動学の視点から－. *笑い学研究*, 21, 5-18.

松谷みよ子（1987). *わたしのいもうと*. 東京：偕成社.

Messinger, D., & Fogel, A.（2007). The interactive development of social smiling. In R. V. Kail (Ed.) , *Advances in child development and behavior (Vol 35)* (pp. 327-366). San Diego, CA US: Elsevier Academic Press.

Messinger, D., Fogel, A., & Dickson, K.（1999). What's in a smile? *Developmental Psychology*, 35(3), 701-708.

Miller, S. A.（2012). *Theory of mind: Beyond the preschool years.* New York: Psychology Press.

文部科学省（2008). *幼稚園教育要領＜平成 20 年告示＞*.

文部科学省（2017). *幼稚園教育要領＜平成 29 年告示＞*.

森野美央 (2005). 幼児期における心の理論発達の個人差, 感情理解発達の個人差, 及び仲間との相互作用の関連 . *発達心理学研究*, 16(1), 36-45.

森野美央・早瀬円(2005). 幼児期における心の理論，感情理解，及び社会的スキルの関連. *乳幼児教育学研究*, 14, 21-30.

森田洋司・清永賢二(1994). *いじめ－教室の病－（新訂版)*. 東京：金子書房.

Morreall, J.（1983). *Taking laughter seriously.* New York: State University of New York Press.(森下伸也（訳）(1995). *ユーモア社会をもとめて 笑いの人間学*. 東京：新曜社.）

無藤隆（2002). 自己意識の発達－心の理論から生涯発達まで－. 内田伸子(編著). *発達心理学*. pp. 245-256. 東京：放送大学教育振興会.

中村純（2005). 日本人のユーモアセンス、6 割が「いい線っス」. *朝日総研リポート AIR21*, 177（2005 年 2 月号), 2-13.

中村弓子（2011). ベルクソン『笑い』最終節の《苦み》が問いかける問題. *Waseda global forum*, 8, 183-209.

Nerhardt, G.（1976).Incongruity and funniness. In A.J. Chapman & H.C. Foot

(Eds.), *Humour and laughter*. London: Wiley.
野村亮太・丸野俊一(2008a). なぜ“不調和解決”は“不調和”よりおもしろいか. *笑い学研究*, 15, 45-55.
野村亮太・丸野俊一 (2008b). ユーモア生成理論の展望－動的理解精緻化理論の提案－. *心理学評論*, 51(4), 500-525.
野村亮太・尾之上高哉・丸野俊一 (2010). 小学生版 J － GELOPH<6> の構成と信頼性・妥当性の検討. *笑い学研究*, 17, 26-34.
O'Brien, M., Weaver, J.M., Nelson, J.A., Calkins, S.D., Leerkes, E.M., Marcovitch, S. (2011). "Longitudinal associations between children's understanding of emotions and theory of mind." *Cognition & Emotion*, 25(6), 1074-1086.
越智啓太 (2008). 青年・成人の記憶　日常記憶. 太田信夫・多鹿秀継 (編著). 記憶の生涯発達心理学. pp.259-270. 京都：北大路書房.
岡林真実子 (1995). 笑いと子どもの人間関係について－子どもの対話のおもしろさから－. *保育学研究*, 33(2), 53-60.
岡林真実子 (1997). 子どもの遊びの特質と笑いの関係性について：遊びの事例分析を通して. *子ども社会研究*, 3, 16-28.
苧阪直行 (2010). *笑い脳　社会脳へのアプローチ*. 東京：岩波書店.
Pagnol, M. (1947). *Notes sur le Rire*. Les Editions Nagel. (鈴木力衛 (訳) (1953). *笑いについて*. 東京：岩波書店.)
Platt, T., Hofmann, J., Ruch, W., & Proyer, R. (2013). Duchenne display responses towards sixteen enjoyable emotions: Individual differences between no and fear of being laughed at. *Motivation & Emotion*, 37(4), 776-786.
Premack, D., & Woodruff, G. (1978). Does the chimpanzee have a theory of mind?. *Behavioral and Brain Sciences, 1*(4), 515-526.
プリマック, D. (1988). 「チンパンジーは心の理論を持つか？」再考. 藤田和生・山下博志・友永雅巳 (2004). *マキャベリ的知性と心の理論の進化論－ヒトはなぜ賢くなったか－*. pp. 176-201. 京都：ナカニシヤ出版. (Richard Byrne & Andrew Whiten (1988) (Eds.), Machiavellian Intelligence: Social Expertise and the Evolution of Intellct in Monkeys, Apes, and Humans. Oxford Science Publications.)
Proyer, R., & Neukom, M. (2013). Ridicule and being laughed at in the family: Gelotophobia, gelotophilia, and katagelasticism in young children and their parents. *International Journal of Psychology*, 48(6), 1191-1195.
坂上裕子 (2002). 歩行開始期における母子の葛藤的やりとりの発達的変化：一母子における共変化過程の検討. *発達心理学研究*, 13(3), 261-273.

坂上裕子（2010）. 歩行開始期における自律性と情動の発達－怒りならびに罪悪感，恥を中心に－. *心理学評論*, 53(1), 38-55.

Sakuragi, S., Sugiyama, Y., & Takeuchi, K. (2002). Effects of laughing and weeping on mood and heart rate variability. *Journal of Physiological Anthropology and Applied Human* Science, 21(3), 159-165.

Samson, A.C., Zysset, S., & Huber, O. (2008). Cognitive humor processing: Different logical mechanisms in nonverbal cartoons –an fMRI study. Social Neuroscience, 3(2), 125-140.

Sarra, S., & Otta, E. (2001). Different types of smiles and laughter in preschool children. *Psychological Reports*, 89(3), 547-558.

志水彰（2000）. *笑い／その異常と正常*. 東京：勁草書房.

Schultz, T. R., & Horibe, F. (1974). Development of the appreciation of verbal jokes. *Developmental Psychology*, 10(1), 13-20.

Shultz, S. K., Vouloumanos. A., & Pelphrey, K. (2012). The Superior Temporal Sulcus Differentiates Communicative and Noncommunicative Auditory Signals. *Journal Of Cognitive Neuroscience, 24*(5), 1224-1232.

Smadja, É. (2007). *Le rire*. P.U.F., Paris. （高橋信良（2011）. 笑い－その意味と仕組み. 東京：白水社.）

Sroufe, L., & Waters, E. (1976). The ontogenesis of smiling and laughter: A perspective on the organization of development in infancy. *Psychological Review, 83*(3), 173-189.

Suls, J. (1977). Cognitive and Disparagement Theories of Humour: A Theoretical and Empirical Synthesis. In A.J. Chapman and H.C. Foot (Eds.), *It's a funny thing humour*, 41-45, Oxford: Pergamon Press.

Sutton, J., Smith, P. K., & Swettenham, J. (1999). Bullying and 'theory of mind': A critique of the 'social skills deficit' view of anti-social behaviour. *Social Development*, 8(1), 117-127.

Szameitat, D. P., Alter, K., Szameitat, A. J., Darwin, C. J., Wildgruber, D., Dietrich, S., & Sterr, A. (2009). Differentiation of emotions in laughter at the behavioral level. *Emotion*, 9(3), 397-405.

鈴木直人（2001）. 情動の心理学. 濱治世・鈴木直人・濱保久（共著）. *感情心理学への招待－感情・情緒へのアプローチ*（pp.107-136）. 東京：サイエンス社.

高橋道子（1973）. 新生児の微笑反応と覚醒水準・自発的運動・触刺激との関係. *心理学研究*, 44(1), 46-51.

高橋道子（1992）. 笑う－微笑の発達を中心にして. *心理学評論*, vol.35(4), 474-492.

高橋道子（1995）. *微笑の発生と出生後の発達*. 東京：風間書房.

谷忠邦・大坊郁夫（2008）. ユーモアと社会心理学的変数との関連についての基礎的研究 . *対人社会心理学研究*, 8, 129-137.

友定啓子（1992）. 乳幼児における笑いの発達－１歳児から２歳児へ－. *日本家政学会誌*, 43（8）, 735-743.

友定啓子（1993）. *幼児の笑いと発達*. 東京：勁草書房.

友定啓子（1999a）. 参加観察法による幼児期後期の笑いの発達研究. 平成*7年度～9年度科学研究費補助金（基盤研究（C）（2））研究成果報告書*.

友定啓子（1999b）. 保育現場からの現代幼児論（２） 幼児の攻撃性. *幼児の教育*, 98（6）, 48-55.

東山薫（2012）.「心の理論」の再検討－心の多面性とその発達の関連要因－. 東京：風間書房.

豊田広司・濱川智子（2008）. 日本版 Gelotophobia 尺度（J － GELOPH）の作成. *奈良教育大学紀要*, 57（1）（人文・社会）, 59-64.

塚脇涼太・樋口匡貴・深田博己（2009）. ユーモア表出と自己受容，攻撃性，愛他性との関連. *心理学研究*, 80（4）, 339-344.

上野一彦・名越斉子・小貫悟（2008）. PVT-R 絵画語い発達検査手引. 東京：日本文化科学社.

上野行良（1992）. ユーモア現象に関する諸研究とユーモアの分類化について. *社会心理学研究*， 7（2）， 112-120.

上野行良（1993）. ユーモアに対する態度と攻撃性及び愛他性との関係. *心理学研究*，64（4）， 247-254.

上野行良（1996）.「笑わせる」ことによる対人操作. *対人行動学研究*, 14, 30-32.

上野行良（2003）. *ユーモアの心理学－人間関係とパーソナリティ－*. 東京：サイエンス社.

氏家達夫（2010）. 発達研究が捉える感情は生ぬるくなってしまったのか？－久保氏，森野氏，坂上氏の論文に対するコメント－. *心理学評論*, 53（1）, 56-61.

臼井博（2002）. 人との関わりの生涯発達. 内田伸子（編著）. *発達心理学*. pp. 116-132. 東京：放送大学教育振興会 .

Wellman, H. M., & Liu, D.（2004）. Scaling of Theory-of-Mind Tasks. *Child Development*, 75（2）, 523-541.

Werner, N. E., & Hill, L.G.（2010）. Individual and peer group normative beliefs about relational aggression. *Child Development*, 81（3）, 826-836.

Wu C., An C., Tseng, L., Chen, H., Chan, Y., Cho, S., & Tsai, M.（2015）. Fear of being laughed at with relation to parent attachment in individuals with autism. *Research in Autism Spectrum Disorders*, 10, 116-123.

柳田国男（1946）. *笑いの本願*（養徳社）. *柳田國男全集第 15 巻*（1998）. pp.151-233

所収. 東京：筑摩書房.

山田冨美雄（1998）. 生体反応の見取り図. 藤澤清・柿木昇治・山崎勝男（編）. *新生理心理学＜1巻＞生理心理学の基礎*.24-35. 京都：北大路書房.

結城恵（1998）. *幼稚園で子どもはどう育つか－集団教育のエスノグラフィ*. 有信堂高文社.

Ziv, A.（1984）. *Personality and sense of humor*. New York：Springer Pub.（高下保幸（訳）（1995）. *ユーモアの心理学*. 東京：大修館書店.）

索　引

【著者紹介】

伊藤　理絵（いとう　りえ）

名古屋女子大学短期大学部保育学科専任講師
放送大学大学院文化科学研究科教育開発プログラム修了（修士（学術））
山形大学大学院社会文化システム研究科文化システム専攻（心理・情報）修了（修士（文学））
白梅学園大学大学院子ども学研究科博士課程修了（博士（子ども学））
精神保健福祉士，保育士

笑いの攻撃性と社会的笑いの発達

平成29年12月16日　発　行

著　者　伊藤　理絵

発行所　株式会社　溪水社
広島市中区小町1-4（〒730-0041）
電　話　(082) 246-7909
ＦＡＸ　(082) 246-7876
E-mail: info@keisui.co.jp

ISBN978-4-86327-409-9　C3011